新・プリマーズ/保育/心理

New Primers of Early Childhood Care & Education Psychology

保育の心理学

河合優年／中野 茂 編著

ミネルヴァ書房

　　　　　は　じ　め　に

　近年，小学校入学までの乳幼児の保育と教育のあり方について多くの議論がなされています。幼保一元化や保幼小連携などはよく耳にされるのではないでしょうか。また，待機児童の問題は社会的な問題ともなっています。このような時代の流れのなかで，保育者になるために必要な基礎的な知識も急速に変わってきています。保育に関する心理学もそれにならってより専門化することが求められています。

　このようななかで，2010年3月の保育士養成課程等検討会では，これからの保育士養成に関して，講義と演習を含む「保育の心理学」が提案されました。このなかでの教育目標は，講義科目として，
1．保育実践にかかわる心理学の知識を習得する。
2．子どもの発達にかかわる心理学の基礎を習得し，子どもへの理解を深める。
3．子どもが人との相互的かかわりを通して発達していくことを具体的に理解する。
4．生涯発達の観点から発達のプロセスや初期経験の重要性について理解し，保育との関連を考察する。

演習科目として，
1．子どもの心身の発達と保育実践について理解を深める。
2．生活と遊びを通して学ぶ子どもの経験や学習の過程を理解する。
3．保育における発達援助について学ぶ。

があげられています。

　本書は，この目標を達成するためのものとして著されたものです。子どもの「育ち」と「学び」をどのようにつなぎ，どのように支えるのかが保育者の大きな使命となっているのです。知識として学んだ心理学的な事柄が，実際の保

育現場でどのように活用されるのか，また現場ではどのようなことが期待されているのかを知ることは，今学んでいることを，実践と結びつけて考えるよい手助けとなります。

　本書を活用して，楽しく学んでいただけることを著者一同望んでいます。

2013年2月

編著者　河合優年・中野　茂

目　次

はじめに

I　保育と心理学

第1章　発達初期の「こころ」の理解 …………………………3
- **1** 心理学とは ……………………………………………3
- **2** 発達するということ …………………………………5
- **3** 保育における心理学 …………………………………7
- **4** 発達の段階 ……………………………………………9
- **5** 各発達段階の特徴 ……………………………………9
    1. 胎児期 —— ヒトの形成　9
    2. 新生児期 —— とにかく生きる　11
    3. 乳児期 —— うまく生きる　11
    4. 幼児期 —— たくましく生きる　12
    5. 児童期 —— 仲間のなかで生きる　13
    6. 青年期 —— 社会のなかで生きる　13
- **6** 発達課題 ………………………………………………15

第2章　乳幼児理解と保育実践の評価 …………………………16
- **1** 乳幼児理解のための研究方法 ………………………16
    1. 帰納的方法と仮説演繹的方法　17
    2. 資料の収集方法　18
    3. こころの働きの取り出し方　20
- **2** 保育実践の評価 ………………………………………21
    1. 保育の内容の自己評価　22

         2　保育シナリオとさらなる展開　23
         3　目に見えないこころの動き，内面の育ちをとらえる　24

    ③　保育環境のとらえ方 ……………………………………………………… 26
         1　よい保育環境とは　26
         2　保育の質とは　28

II　子どもの発達理解

第3章　身体・運動の発達 ………………………………………………… 33
    ①　身体の発育 ……………………………………………………………… 33
    ②　運動の発達 ……………………………………………………………… 36
         1　原始反射と外界への適応　36
         2　運動発達　37

    ③　新生児・乳児期の運動発達 …………………………………………… 38
    ④　幼児期の運動発達 ……………………………………………………… 42
    ⑤　児童期から青年期にかけての運動発達変化 ………………………… 43
    ⑥　運動発達の過程をどのように説明するのか ………………………… 44

第4章　知覚・認知の発達 ………………………………………………… 46
    ①　外界の情報を取り込む ………………………………………………… 47
    ②　誕生時に準備されているもの ………………………………………… 48
    ③　新生児・乳児期の知覚・認知発達 …………………………………… 50
         1　環境からの応答の重要性　50
         2　乳児期の知覚発達　51
         3　社会的存在としての人へ　52

    ④　幼児期の知覚・認知発達 ……………………………………………… 54
         1　幼児期に特有の知覚世界と認識　54
         2　ものを憶えるということ　55

5　児童期から青年期にかけての認知発達 …………………………………57
　1　ピアジェの発達段階から見た児童期　57
　2　自己中心性からの脱却　59

第5章　感情の発達 ………………………………………………………62

1　感情とは ……………………………………………………………62
　1　こころの状態を表す言葉　62
　2　感情表出と理解の機構　64
　3　感情理解の難しさ　65

2　新生児・乳児期の感情表出と理解 ………………………………67
　1　感情の表出　67
　2　コミュニケーションの道具としての感情　67
　3　感情の理解　69

3　幼児期の感情 ………………………………………………………71
　1　社会的文脈のなかでの感情　71
　2　感情の分化　72
　3　感情の読み取り　73

4　児童期から青年期にかけての感情 ………………………………74
　1　感情表出と理解の完成に向けて　74
　2　青年期の感情　75

第6章　言語の発達 ………………………………………………………77

1　コミュニケーションと言語 ………………………………………77
　1　言語と非言語的コミュニケーション　77
　2　約束事としての言語　78

2　前言語的コミュニケーション ……………………………………79
　1　歌うコミュニケーション ── 原初的会話と音楽性　79
　2　親の対乳児発話　82

- 3 言語によるコミュニケーションへの移行 —— 世界語から母国語へ …83
  - 1 世界語を話す乳児 83
  - 2 やりとり遊びと共同注意 84

- 4 言語的コミュニケーション —— 時空の超越と社会への参加 …………86
  - 1 初語から一語文へ 86
  - 2 二語文と文法の理解 89
  - 3 言語理解の発達 —— 行動解発とファンタジー 90

- 5 言語が開く心的世界へ ……………………………………………92
  - 1 言語がもたらす可能性 92
  - 2 「内化された他者」としての言語の働き 93

第7章 社会性の発達 ……………………………………………95

- 1 社会性とは ……………………………………………………95
- 2 乳児期の社会性の発達 ………………………………………96
  - 1 生理的早産と社会性 96
  - 2 初期の養育環境とその後の発達 97
  - 3 相互作用を生み出すもの 98

- 3 幼児期の社会性の発達 ………………………………………101
  - 1 人間関係の広がり 101
  - 2 社会的な感情の芽生え 102

- 4 児童期の社会性の発達 ………………………………………103
- 5 社会的行動のために必要なこと ……………………………105
  - 1 相互作用と関係性 105
  - 2 人のこころを読む 105

第8章 親子相互作用とアタッチメント …………………………108

- 1 環境との相互作用 ……………………………………………108
- 2 乳児と親との相互作用とその発達 …………………………109
- 3 「自分-他者-物」の三項関係の発達 ………………………111

4 アタッチメント——親を求め，親から得る安心感 ……………113
1 アタッチメント理論——なぜ乳児は特定の大人を好むのか　113
2 アタッチメントの個人差——円滑な親子関係とは　116

5 コンパニオンシップ——親子遊びのなかでの文化学習 …………119

第9章 対人関係の成り立ちと道徳性 ……………122

1 道徳性の発達理論 ……………123
1 ピアジェの道徳性発達の考え方　123
2 コールバーグの道徳性発達の考え方　125
3 それぞれの発達段階で見られる行動　127
4 道徳性と社会環境　127

2 保育場面で見られる道徳性の萌芽 ……………129
1 自己主張と自己抑制——けんかから学ぶ　129
2 愛他的行動の芽生え——人の役に立ちたい気持ち　130
3 よいところを伸ばす——ほめ方上手　131
4 モデリング——まねをする子どもたち　132

III 保育実践に向けて

第10章 基本的生活習慣の獲得 ……………139

1 基本的生活習慣とは ……………139

2 基本的生活習慣の獲得・形成とその援助 ……………141
1 食　事　141
2 日内周期と睡眠　143
3 排　泄　144
4 着脱衣　146
5 清　潔　147

第11章 子どもの遊びと発達 ……………149

1 「遊び」の不思議 ……………149
1 つかめない遊びの姿　149

2　代表的な遊びの説明　150
　　　(1) 遊びの練習説　150　(2) 教育的方法としての遊び理論　150　(3) 遊びの認知発達説　150　(4) 最近接領域としての遊び論　151

② 乳児から2歳まで —— 親子遊びの楽しさ …………………………151
　　1　遊びの始まり　151
　　2　世界の拡大へ　154

③ 幼児期の遊びの発達 —— 仲間関係のなかで ………………………156
　　1　仲間関係の始まり　156
　　2　ごっこ遊びの展開　158

④ 遊びの支援 ……………………………………………………………160
　　1　保育と遊び　160
　　2　遊んでいない子への支援　162
　　3　遊びの指導とおもちゃ　164

⑤ 遊びとは何か …………………………………………………………166

第12章　発達の地図 ……………………………………………………169

① 機能別に見る発達の俯瞰図 …………………………………………169
　　1　運動機能　169
　　2　知覚機能　170
　　3　認知機能　171
　　4　言語機能　171
　　5　社会性の発達　172

② 子どもの発達をどのように見るのか ………………………………172
　　1　子どもの生活空間　173
　　2　発達順序　173
　　3　発達のノルム　173
　　4　発達パターン　174
　　5　組織化の過程　174
　　6　機能の連関　175

        7　個人差と養育環境との相互作用　176
        8　非定型発達　176
　3　発達の地図をもつ ……………………………………………………176
　4　発達理解と保育 …………………………………………………………177

第13章　気になる子どもへの対応 ……………………………………180
　1　発達過程の乱れ …………………………………………………………181
        1　子どもを理解するということ　181
        2　異なるルールのなかに生きる　182
        3　適度な支援について　183
        4　自閉症スペクトラムの認知（情報処理）の特性について　183
　2　「気になる子ども」の具体的行動と支援 …………………………186
        1　認知面の発達が気になる子ども　186
          (1)　周囲の刺激への反応が激しい　186　(2)　集団で動くことができない　187
          (3)　苦手な刺激がある　187　(4)　限局された興味，遊びしかしない　188
          (5)　おもちゃで遊ばない　189　(6)　独特の遊び方をする，ごっこ遊びを楽しめない　190　(7)　新しいことに抵抗する　190
        2　生活習慣が気になる子ども　191
          (1)　偏食がある　191　(2)　着替えをしない，嫌がる　192　(3)　排泄のトレーニングがうまくいかない　193
        3　運動機能の発達が気になる子ども　193
          (1)　動きが少ない，移動しない　194　(2)　通常見られない動きをする　195
          (3)　床におろすと泣く，抱っこをすぐせがむ，遊具で遊ばない　195　(4)　危険の予知ができない　196　(5)　運動会の練習をしない，運動の課題を拒否する（協調運動の苦手さ）　196
        4　社会性やコミュニケーションの発達が気になる子ども　197
          (1)　集団から離れて1人でいることが多い　198　(2)　友達のおもちゃをとってしまう　198　(3)　人との距離感がない　199　(4)　下の子に乱暴する　199
          (5)　母親と離れられない　200　(6)　よい時と悪い時が極端に違う　201

　3　関連諸機関との連携 …………………………………………………201

I　保育と心理学

　子どものこころを理解し，健やかな育ちと学びを支えることは，乳幼児の保育にとってなによりも基本的な事柄であると考えられます。しかし，このような議論のなかで，当然のように使われている「心理学」や「発達心理学」という用語の意味を尋ねられると簡単には答えられないのではないでしょうか。保育所保育指針には，「発達」に応じたという記述が見られます。いったいどのような意味で使われているのでしょうか。第Ⅰ部では，発達を中心に保育の心理学の基本的な枠組みについて述べていきます。

第 1 章
発達初期の「こころ」の理解

> ポイント
> 1 「こころ」の働きをどのようにとらえるのかを理解する。
> 2 なぜ「発達」概念が保育にとって重要であるのかを理解する。
> 3 発達段階と，各段階における子どもの全体的な特徴を理解する。

　この章では，普段なにげなく使っている「発達」という言葉がどのような意味をもっているのか，また「こころ」という言葉がどのような意味をもっているのかを考えていきます。発達もこころも，ともに直接見ることはできません。もちろん私たちは時間とともに変化していますので，記念写真のように，一定の時間をおいて記録していくと，そこに変化は見て取ることができます。では，その変化は発達と呼んでよいのでしょうか。

　心理学は，このような見えないこころと，時間軸に沿ったこころの発達を研究してきました。ここでは，保育と心理学の関係について考えてみることにします。本書の第Ⅱ部以降を理解するためにも，ぜひ本章から読み進めていただきたいと思います。

1　心理学とは

　保育の心理学や保育心理学という言葉が使われていますが，最初に心理学とは何かについて少し述べておくことにします。

　心理学はサイコロジー（Psychology）とも言われます。書店にならぶ心理学関係の書物のなかには，サイコロジーというタイトルがつけられているものもあります。語源は，ギリシャ語の Psyche（プシケー：こころ）と Logos（ロゴス：学）から来ています。つまり，こころの学問ということになります。

Ⅰ　保育と心理学

　なるほどと思われるかもしれませんが，実はこの「こころ」の存在を確認することはそれほど簡単なことではありません。「こころ」は見えているのでしょうか。私のこころはここにあります，と示すことはできません。でも私たちは，こころが存在していることを知っています。なぜなら，私にはわかっているからです。悲しみや喜びに出会ったときに，私たちはそれに応じた感情をもちます。私たちは，自分のなかにそのような働きがあることを知っているのです。こころがあるということを，言葉を使って表現することができます。このような，私にはわかる，ということを，主観的な存在としての「こころ」と呼ぶことにしましょう。では，他の人のこころはどのようにして理解できるのでしょうか。

　他者のこころを理解することは，自分のこころを知ること以上に難しいことになります。だれもがわかる「こころ」という，客観的な存在としての「こころ」と言われるものになります。たとえば，リンゴを見ていても，おいしそうと思っているか，赤いと思っているかは，本人が報告しない限りわかりません。この本人が報告しないとわからないというところが難しさになります。本書でも扱っている，乳児の場合を考えてみてください。私たちがもっている言語的な表出機能はまだ備わっていない赤ん坊から，彼らの思いを聞き取ることができるでしょうか。「暑いよ」とか「おなかすいたよ」というようなことを話してくれればよいですが，そのようなことはもちろんありません。では，赤ん坊にこころは存在していないのでしょうか。そう考える人は少ないのではないでしょうか。後の章において述べられるように，人間は誕生の瞬間から外界を取り込み，それらを認識しようとしています。

　そこで，言語的な表出機能が十分に整っていない乳幼児からこころの働きを取り出すために，心理学者は，直接観察できる行動を活用しました。たとえば，養育者を見るという行動は，乳幼児の視線を注意深く見ていると，見たか見なかったかの確認が容易にできます。乳幼児がどこを見ているのかということについての観察者の不一致は比較的少ないのではないでしょうか。このようなある行動とその前に起きた行動との関係性についてのとらえ方は，心理学の研究

方法の書物に見られる，S-O-R の図式で考えることができます。一定の規則で刺激（S）を与えた時に，それに対応して一定の法則で反応（R）が生じた時には，両者を関連づけている何らかの仕組み（O）が，その生活体のなかにあると仮定します。本書では，この（O）という働きをしている存在を「こころ」と位置づけることにします。ですから，研究者が直接観察できる対象は，子どもが示している行動であり，その行動の出現機構を説明しているのが心理学的な概念ということになります。たとえば，知らない人が近づいてきた時に，子どもが顔を背けたとします。観察できたのは，近づいてきた人と，その人に対する顔を背けるという行動ですが，その関係をつくり出しているものは恐怖という「こころの働き」であると考えるのです。心理学は，このような方法論から，行動科学と呼ばれることもあります。

　このような方法を使うことによって，ある人が行った研究を他の人が再現できるようになったのです。本書に記載されている事柄も，条件を整えると，読者のみなさんも再現することができるのです。

2　発達するということ

　心理学は，目に見える行動を対象とすることによって，「こころ」をとらえようとしてきました。こころは，すべての人に存在しているものと考えられます。では，どうして保育実践に子どもたちの発達やこころの問題についての，心理学的な知識が必要なのでしょうか。もちろん，保育に限らず，学齢期の子どもたちや青年期にある人，成人や老人を理解するためにも，こころについての知識は必須のものと言えます。そのような意味では，「なぜ」必要なのかという問いかけ自体がおかしく，「必ず」必要なのではないでしょうかという回答が返ってくるかもしれません。たしかにその通りなのですが，なぜ「必ず」必要なのかという「理由」を知らなければならないのです。この理由は，乳幼児期から児童期にかけての子どもたちの変化の過程がそれ以降と大きく異なる点にあります。

Ⅰ　保育と心理学

　乳幼児期には様々な，新しい機能が出現してきます。たとえば，言葉は誕生時には存在していません。言葉は，1歳半頃から現れてきて，その後一気に発達していきます。乳児期の終わりには，二足歩行が始まり，自分の思うところに移動できるようになります。それに伴って手指の機能が発達していくことになります。このように，私たちが有している様々な機能は，乳幼児期に形成されるのです。この意味からも，乳幼児期の心理的な変化を知ることは，子どもの発達を支え，後の発達につなぐために重要であると考えられるのです。

　さて，これまでに発達という言葉を何度か使ってきました。実は，心理学という言葉と同じように，普段なにげなく使っている，「発達」という言葉も複雑な意味を含む概念です。一般的には，加齢に伴う種々の機能の出現過程を意味して用いられています。たとえば「バアバア」というような喃語から「マンマ」のような一語文，「ブーブ　コッチ」という二語文を経て会話ができるようになるまでの過程を総称して，言語発達と呼ばれたりするのです。本書でも，運動機能の発達，認知機能の発達，社会性の発達など，時間軸に沿った機能の出現過程が扱われます。同じように，時間軸に沿って変化するものとして，体重や身長がありますが，これらの変化は，成長（growth）と呼ばれ，機能的な変化と区別して使われています。

　ここで「発達（development）」という言葉について考えておきたいと思います。「発達」はその文字が表しているように，出発点である「発」と到達点である「達」から成り立っており，かつては未熟で無力な赤ん坊が成熟した有能な大人になる上昇的な変化として概念化されていました。ですから，これまでの発達の考え方のなかには，進歩する，よくなるというような上昇的な意味が内包されていたのです。しかし，そのように考えると，発達は成人で完成して終了するということになります。では，大人は発達していないのでしょうか。そのようなことはありません。

　本書では発達を，その個人が有している種々の機能を使った適応的変化と考えています。適応的変化というのは，その個人が，より快適な状態に変化することや快適な状態を維持するための働きということを意味しています。ですか

ら，加齢に伴って機能が低下してきても，残っている機能を使って自らをより快適な状況に保とうとする活動がある限りは，発達していると考えられるのです。そのような意味では，私たち人間は，生涯にわたって発達していると考えられます。このようななかで，社会的な存在としての人間に重要な，こころが形成されていくことになります。

3 保育における心理学

　保育が対象とする乳児期から幼児期にかけての子どもたちは，様々な機能を急速に形成・獲得していきます。養育者の保護なしには生命の維持が難しい依存的な存在であった乳児は，乳児期から幼児期にかけて獲得される種々の機能を使って，能動的に環境に働きかける自立的な存在になっていきます。また，このような能力の獲得は，自己と他者との関係から成り立つ社会的な存在としての自分を意識させ，自我の形成を促し，人と人との間に存在する，「人間」をつくり出すのです。このような変化がもっとも激しいのが，乳幼児期の6年間なのです。

　誕生後の発達のなかで，これほど急速に変化する時期はありません。急速でかつ密度の濃い変化に寄り添っている保育者は，それゆえに子どもの変化の過程や機能について十分な知識をもっている必要があるのです。いつ頃どのような行動が現れてくるのかを知ることは，保育者が発達の地図をもっているということに他なりません。保育している子どもたちが，彼らの発達のなかでどの辺りにいるのかを知ることは，子ども理解にとってなによりも重要です。また，次の段階でどのようなことが現れてくるのかを知っていることは，発達の段階に応じた準備を可能にしてくれます。

　このような変化の過程を知るということに加えて，発達的変化がどのような仕組みによって起きるのかを知ることも，保育者にとっては重要になります。発達の仕組みを理解すると，子どもたちの活動をどのように支援すればよいのか，また何らかの停滞が起きている時に，どのような取り組みをすればその発

I　保育と心理学

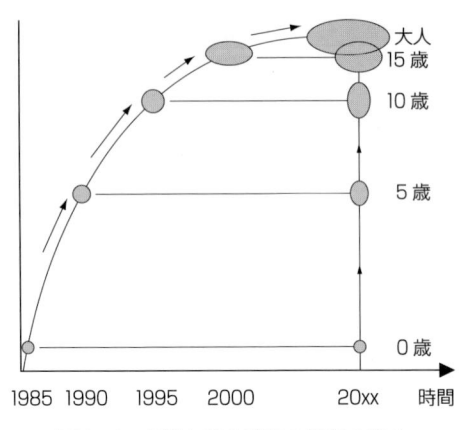

図1-1　年齢に伴う発達の機能の変化

達を促せるのかということがわかってきます。発達の地図と仕組みを知ることが，保育の質を高めるとともに，子どもの個性に応じた取り組みを可能にするのです。図1-1は，このような発達の枠組みを示したものです。曲線で示されているのは，発達研究によって明らかにされた変化の過程です。この発達の地図をもっていると，今みなさんが見ている，垂直線で示されている各年齢の子どもたちがどの発達段階にあるのか，これからどのような変化をしていくのかがわかってくることになります。

　発達の仕組みについてはこれまで，生得的に準備された特性があらかじめ決められたプログラムに従って自動的に出現してくるとする遺伝（生得）論と，子どもが育つ環境からの働きかけにより出現するのだとする環境（学習）論という枠組みのなかで議論されてきましたが，今日では，両方が相互に関係しているという相互作用説が主流となっています。

　子どもたちが生物学的に準備されている種々の基本的な機能を使って，どのように環境と相互作用していくのか，また環境はどのように子どもたちに影響を与えているのか，生物学的存在としてのヒトが，社会的存在としての人間として，集団をつくり，ルールを共有し，新しいものを創造していく過程について理解を深めることは，子どもの理解にとって重要であるだけでなく，保育実

践を展開する上で必須のものと言えます。

　本書では，保育実践を展開するうえで必要となる種々の事柄について，その基礎と実践という枠組みのなかで議論していきます。

4　発達の段階

　子どもたちは日々変化しています。この変化は，毎日の生活のなかでは微視的で，昨日の姿と今日の姿が大きく異なることはありません。途切れることなく継続的に変化し，突然何かが現れたりすることは通常ありません。ですから，私たちは久しぶりに会ったような時に，大きくなったと感じるのです。「以前と比べて」という表現はまさに，私たちの変化がゆるやかに起きていることを示す言葉でもあるのです。このような継続的でゆるやかな変化も，大きな時間軸のなかで見てみると質的にまとまりのある時期，段階をもっていることがわかります。このような質的なまとまりを発達段階と呼びます。

　発達段階は，表1-1に示されているように，研究者や視点によって分類の仕方が異なりますが，一定の期間を質的なまとまりとしてとらえている点では同じと言えます。発達を段階に分けて理解すると，その特徴が把握しやすいことがわかります。本書では，表1-1の「(3)精神機能や行動を基準とする区分」に従って子どもの特徴を見ていくことにします。

5　各発達段階の特徴

　以下の章では，種々の機能の発達について，発達段階別に見ていくことになりますが，ここでは，発達過程の全体的な流れを理解するために，各段階の特徴を簡単に見てみることにします。

1　胎児期——ヒトの形成

　胎児期は，受精後に着床してから60日までの胚子期を経て誕生するまでのお

I　保育と心理学

表 1-1　発達の段階的とらえ方

(1)　社会的習慣や制度による区分 　・学校教育法による区分：幼稚園／小学校／中学校／高校／大学 　・民法による区分：未成年／成人
(2)　シュトラッツ（Stratz, C.H.）による，身体成長などを基準とする区分 ※体重の増加が目立つ時期（充実期）と身長の増加が大きい時期（伸長期）によって区分している。 　　　　　　　〈男〉　　　　　　　　　　　　　　　〈女〉 　　　第1充実期　2〜4歳　　　　　　　第1充実期　2〜4歳 　　　第1伸長期　5〜7歳　　　　　　　第1伸長期　5〜7歳 　　　第2充実期　8〜12歳　　　　　　第2充実期　8〜10歳 　　　第2伸長期　13〜16歳　　　　　 第2伸長期　11〜14歳 　　　第3充実期　17〜18歳　　　　　 第3充実期　15〜16歳 　　　成熟期　　　19〜24歳　　　　　 成熟期　　　17〜18歳
(3)　精神機能や行動を基準とする区分 　胎児期 　新生児期　　0カ月〜1カ月 　乳児期　　　1カ月〜12カ月前後まで 　幼児期　　　1歳前後〜6歳前後（1歳半前後からとするものもある） 　児童期　　　6歳前後〜12歳前後 　青年期　　　12歳前後〜22歳前後（24歳頃までとするものもある） 　成人（壮年）期　22歳前後〜60歳頃 　老年期　　　60歳前後〜（近年は65歳以降とするものもある）
(4)　ピアジェ（Piaget, J.）による，認知発達を基準とする区分 　感覚運動期　　　0歳〜2歳前後 　前操作期　　　　2歳前後〜7, 8歳 　具体的操作期　　7, 8歳〜11, 12歳 　形式的操作期　　11, 12歳〜

注：ピアジェの発達段階については第4章「知覚・認知の発達」表 4-2 (p.57) も参照。

よそ40週の期間を言います。この時期に，生物学的な意味でのヒトとしての基本的な形体と機能系がつくられます。もちろん外界と直接相互作用することはありませんので，母胎が胎児にとっての環境要因となります。ですから，胎児に影響する外界の要因は，母親を通じてもたらされることになります。この時期の妊婦のアルコール摂取や喫煙が胎児に影響することはよく知られていますが，母親が受ける心理的なストレスなども胎児発達の阻害因となります。後述しますように，近年の研究では，胎児期においてすでに外界の情報を取り込み，

初歩的な処理を行っていることが明らかになってきています。

2 新生児期――とにかく生きる

　新生児期は，誕生直後からおよそ1カ月までの時期を指します。この時期は，子宮内環境から子宮外環境への適応が大きな課題となります。自発呼吸や保温，養分の摂取など，新しい環境に適応するための機能が働き始めることになります。これらは，とにかく生きるための働きと言えるものです。この時期においては，これらの機能が十分に働くように環境を整えることが保育者には求められることになります。しかし，新生児はまったく外界との相互作用をもっていないわけではありません。かつては，新生児は外界からの情報を受け取るための感覚器官が十分に機能しておらず，無力な存在であると考えられていましたが，1970年代のファンツ（Fantz, R. L.）の研究▶1などによって，生後まもなくの段階でも外界の視覚刺激を区別していることが明らかとなってきました。その後の研究は，新生児も様々な能力を有していることを示し続けています。生物学的な存在としてのヒトは，誕生直後から自分を取り巻く人的な環境との相互作用を通して，自己と他者との関係性をもつ人間として存在することになるのです。

3 乳児期――うまく生きる

　生後1カ月からおよそ1年までの期間は，乳児期と呼ばれます。この時期には，離乳など自立に向けた変化が起きてきますが，誕生時に準備されていた外界と相互作用するための様々な機能がいっそう磨かれるのです。誕生直後から機能していた感覚受容器はその精度を高めるとともに，視覚と聴覚，視覚と手指運動などの異なる働きの間の結びつきが新たにつくられ始めます。また，四肢の運動機能も高まり，座位やハイハイが可能となり，外界に対して能動的な活動ができるようになってきます。これらのことは，物の操作だけでなく，認

▶1　Fantz, R. L.（1973）Visual perception from birth as shown by pattern selectivity. In L. J. Stone, H. T. Smith & L. B. Murphy（eds.）, *The competent infant*, Basic Books, 622-630.

知発達や他者との関係性発達とも密接に関係することになります。この時期には，3カ月スマイルや8カ月不安というような言葉に示されているように，自分を取り巻いている他者との特徴的な相互作用が現れ，社会的存在としての人間活動が展開されるのです。子どもは，とにかく生きる段階から，環境，とりわけ自分を取り巻く人間環境のなかで，うまく生きるための活動を獲得していくことになるのです。母親との愛着（アタッチメント）関係もこの頃に形成されます。この意味からも，乳児期は重要な時期と言えるのです。

4 幼児期——たくましく生きる

　幼児期は，生後1年くらいから6歳くらいまでの期間を指して用いられます。第一反抗期（近年では困難期と呼ばれることもある）と言われるように，この時期に子どもは自我を形成し，仲間に代表されるような，他者との関係のなかで，たくましく生きるようになります。保育は主にこの時期の子どもたちを対象として展開されることになります。本書においても，この幼児期の発達を中心に，保育活動に必要な基礎知識と発達評価について述べていくことになります。

　この時期になると，子どもは自己と環境との間を調整し，より適応的にたくましく生きるようになります。自分の意志が強く出てきますが，意図的に自分の行動を調整することが可能になってくるので，他者との関係調整もより円滑に達成できるようになります。顔で笑って心で泣くというような複雑な感情調整もできるようになります。しかし，この他者との関係性は，ピアジェの言う，自己中心性に基づく認識のうえにつくり出されているので，他者の視点を取ることが難しく，自分と他者との経験などを共有できないため，幼児独特の世界観となることが多くなります。保育者にとっては，このような幼児期に見られる独特の認知世界や行動様式を十分に理解しておくことが重要となるのです。

▷2　**3カ月スマイルと8カ月不安**　乳児は人の顔に対して特異的に反応する特徴をもっている。生後3カ月前後には，視界に入ってくる人に対して微笑を返すが，この頃に観察される微笑反応を3カ月スマイルと言う。これに対して8カ月前後には，人見知りと言われるような，知らない人に対する不安反応が観察されるようになる。これらの反応は，自分と他者との関係性が理解できることと関係している。

このような自己中心的なとらえ方は，次の児童期に消失していくことになります。このことを脱中心化と言い，発達の重要な指標とされています。

5 児童期——仲間のなかで生きる

　児童期には，それまでの基本的な能力の形成と，それらを使った環境との相互作用に基づく，仲間関係を中心とした横の関係（並ぶ関係）を特徴として，子どもたちによる自立的な社会集団を形成することになります。その意味では，仲間のなかで自らを位置づけながら社会性を形成する時期とも言えます。このような，子どもたちの社会性を示すよい例が，ギャング集団の存在です。小学校の3，4年生の頃に形成されるギャング集団と呼ばれる仲間関係は，閉鎖性があり，仲間のみに通じる隠語の使用や役割の分化などをもっていて，この段階の子どもがもっている社会性の特徴を示しています。子どもたちは，これらの活動を通じて，自分を取り巻いている規範を修得すると同時に，社会における役割や責任感を身につけ，社会集団のメンバーとしての自己を形成していくことになるのです。

6 青年期——社会のなかで生きる

　青年期は，「第2の誕生」や「疾風怒涛の時代」などと呼ばれていますが，この時期の子どもたちは，親によってコントロールされていた自分に疑いをもち，本当の自分の姿を求めて様々な葛藤を繰り返し経験していきます。この時期は一見保育と関係がなさそうに見えますが，よく見てみると，乳児期から幼児期，そして児童期を通じて形成された様々なスキルを駆使して社会のなかに入っていこうとしていることがわかります。言語の使用は，社会的相互作用の中核として機能し続けていますし，非言語的なコミュニケーションである，表情の読みとりや表出のスキルは，より巧緻性を増して存在しているのです。乳児期や幼児期の育ちを支えることが，その後の生涯を通しての発達にも重要で

▷3　近年では，ギャング集団が消滅してきているという考え方もある。

I 保育と心理学

表1-2 ハヴィガーストの発達課題

幼児期	1	歩行の学習
	2	固形の食物をとることの学習
	3	話すことの学習
	4	排泄の仕方を学ぶこと
	5	性の相違を知り，性に対する慎みを学ぶこと
	6	生理的安定を得ること
	7	社会や事物についての単純な概念を形成すること
	8	両親や兄弟姉妹や他人と情緒的に結びつくこと
	9	善悪を区別することの学習と良心を発達させること
児童期	1	普通の遊戯に必要な身体的技能の学習
	2	成長する生活体としての自己に対する健全な態度を養うこと
	3	友だちと仲よくすること
	4	男子として，また女子として社会的役割を学ぶこと
	5	読み，書き，計算の基礎的能力を発達させること
	6	日常生活に必要な概念を発達させること
	7	良心，道徳性，価値判断の尺度を発達させること
	8	人格の独立性を達成すること
	9	社会の諸機関や諸集団に対する社会的態度を発達させること
青年期	\<仲間集団の経験\>	
	1	同年齢の男女との洗練された新しい交際を学ぶこと
	2	男性として，また女性としての社会的役割を学ぶこと
	\<独立性の発達\>	
	3	自分の身体の構造を理解し，身体を有効に使うこと
	4	両親や他の大人から情緒的に独立すること
	5	経済的な独立について自信をもつこと
	6	職業を選択し，準備すること
	7	結婚と家庭生活の準備をすること
	8	市民として必要な知識と態度を発達させること
	\<人生観の発達\>	
	9	社会的に責任のある行動を求め，そしてそれをなしとげること
	10	行動の指針としての価値や倫理の体系を学ぶこと

出所：ハヴィガースト，荘司（1995）．30-167（「幼児期」～「青年期」）より筆者作成。

あることがわかります。

6　発達課題

　これまで見てきた発達段階は，もちろんある時に突然次の段階に移行するのではなく，徐々に変化していくのですが，連続性は存在しています。ハヴィガースト（Havighurst, R. J.）は，各発達段階において達成されることによって，次の段階に進んだ時に円滑な発達が達成されるとする，発達課題という考え方を提唱しています[4]。発達課題は欧米の文化に基づくものであり，必ずしも一般化できないとする考え方もありますが，乳幼児の発達を考えるうえで1つの指標を与えていることも事実です。青年期までの発達課題が表1-2に示されています。

本章のまとめ

　本章では，自分の内面を大人のように詳細に表現することができない乳幼児にも豊かなこころが芽生えていること，そしてそれらが後の発達の基盤となることを学びました。私たちは，見えないこころを理解することによって，子どもたちの健やかな育ちを支えることができるのです。

▶4　ハヴィガースト，R. J., 荘司雅子（監訳）（1995）人間の発達課題と教育．玉川大学出版部．

第2章
乳幼児理解と保育実践の評価

● ● ●

> ポイント
>
> 1 乳幼児理解のための科学的な方法の基礎を理解する。
> 2 保育実践評価の必要性とその方法を理解する。
> 3 保育環境の広がりと,物理的・人的環境について理解する。

　第1章において,子どもの育ちと学びを支えていくには,目に見えない「こころ」を理解することが必要であるということを述べました。ここでは,「こころ」を理解するという視点から,乳幼児理解の方法と保育実践について考えてみます。

1　乳幼児理解のための研究方法

　保育が対象としている乳幼児期の子どもたちは,私たちのように言葉をうまく操って自分の内面を表現できるわけではありません。彼らがどのように世界をとらえているのか,どのように相互作用しているのかを知るためには,言葉に代わる方法が必要になります。

　たとえば,発達心理学の教科書に「赤ちゃんは人の顔を見分けることができる」という記述があったとします。私たちは経験的に,この子どもは私を他の保育者と区別して見ているようだ,というような感覚があることを知っています。しかし,それはあくまでも私が主観的に感じているものなので,本当にそうであるのかどうかを他の人に説明しようとすると,「私にはそのように見える」という括弧つきの説明になります。

　保育現場に限ることではありませんが,自分の心のなかに起きていることを他の人と共有することはそれほど簡単ではありません。それが,十分なコミュ

第2章　乳幼児理解と保育実践の評価

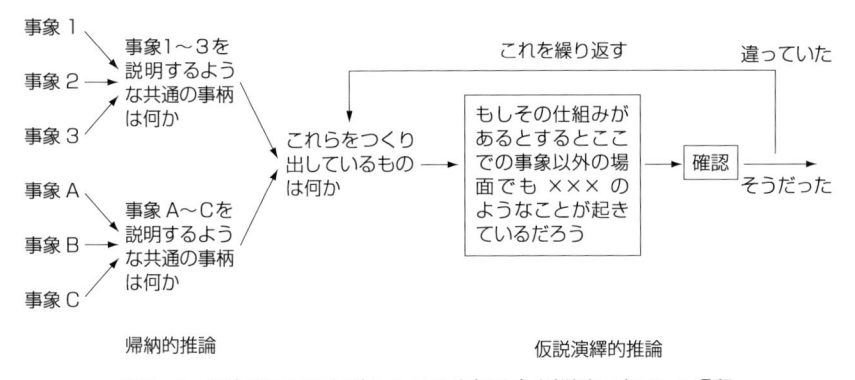

図2-1　保育場面での行動からその生起理由を推測し確かめる過程

ニケーション力をもたない乳幼児の場合にはなおさら難しくなります。

1　帰納的方法と仮説演繹的方法

　私たちが子どものこころの働きを推測し，そこにあるルールを理解しようとするときには，多くの場合，図2-1にあるような思考過程を経ています。たとえば，クラスのなかでどうも最近仲間関係が悪いというような印象をもった場合，保育者は，いくつかの状況で起きていることに共通する事柄を整理し，原因を特定しようとします。たとえば，ある玩具をはさんだ場合に限られるとか，特定の行事の後に多く起きるとか，ということになります。これらのことは，その原因が，そこにある物や，事柄の時間的関係と関係していることを推測させます。そこで，玩具の数を増やすと争いは減少するかもしれないと考え，玩具を増やして効果を見たりするわけです。このような，いくつかの事例から何らかの仮説を導こうとするこの過程を帰納的推論と言います。そして，得られた仮説に基づいて何らかの操作を加えて，それが正しいかどうかを確認する過程を演繹的推論と言います。研究の方法として用いられた場合には，起きている事象を整理してその背景にある要因を見いだそうとする帰納的研究と，仮説を立ててそれが成り立つかどうかを確認しようとする，仮説演繹的研究になります。

2 資料の収集方法

　保育実践上で直面している問題を解決しようとする場合には，子どもたちの行動についての情報が必要となるわけですが，資料の収集方法にはいくつかのものがあります。保育場面でもっとも多く用いられるのは，観察法です。これは子どもの様子を観察するというもので，保育場面とも親和性が高いので多く用いられます。観察法はさらに，普段の行動を自然な状態で観察する自然観察法と，場面を設定してそこでの行動を観察する構造的（実験的）観察法，さらに保育者としてその場に参加しながら子どもの様子を観察する参与観察法に分かれます。どちらの場合にも，あらかじめ何に焦点を当てて観察するか決めておくことが不可欠です。また，記録の取り方には，そこで目にしたことを書き留めていく活写法，あらかじめ決めた行動項目について，その生起の有無を記録するチェックリスト法，あらかじめ決めた項目について全体的印象を3段階や5段階で評価する評定法などがあります。さらに，これらの観察法の手順として，観察対象とする事象が生じた時にその記録をとる事象見本法とあらかじめ決めた時間間隔（たとえば，10分毎）で記録をとる・チェックする時間見本法があります。保育実践では，このような組織立った観察法よりも，子どもの顔色，服装，活気を登園時に目で見て判断する視診，声かけや一緒に活動をした時の反応の的確さ・表情の印象などの自然観察法のほうが一般的に用いられます。しかし，そこでの重要な点は，どのような方法をとろうとも記録を残すことです。その記録は，同僚・園長先生，そして，保護者に説明が必要な時に使える内容であることです。

　保育の現場でもっともしばしば使われる子どもの状況についての情報収集法は，親からの聞き取りです。聞き取りには，保護者と直接話をして聞く場合と，「連絡帳」を介して情報を得る場合とがあります。どちらの場合でも，保護者に説明をする場合には，上述のように，記録に基づいて説明できることが不可欠です。また，保護者から情報を得ようとするときには，なぜ，何のために，そして，得た情報をどうしようとしているのかを明示する必要があります。さ

らに，子どもについての見解が保育者と親とでは異なることは十分にあり得ることだという認識を常にもって，自分のその子についての仮説・推論に囚われないこと，親の見解を尊重することが，成功する聞き取りとなるでしょう。

　資料の収集方法としてはこれ以外にも，子どもの状態を測定するために作成された検査を用いる検査法が比較的多く用いられます。このような検査は多くの場合，発達検査と呼ばれます。この月齢ではこのような能力があると考えられるのに，そのレベルに達していないとすると，他の子どもとの相互作用にも影響が出てくるかもしれないのです。ただし，検査を実施する場合には，その検査の目的，測定方法，結果の解釈に十分習熟していることが不可欠です。もし，検査が必要と思われる問題に直面した場合には，身近に専門家がいる場合を除いて，まずは，専門機関と連絡・連携をとることが，優先されることです。検査法と類似なものには，調査法や実験法などがあり，これらによっても発達傾向が測定されますが，保育実践というよりは，研究的な目的のために活用されることが多いようです。

　資料収集に関してさらに言うと，第1章において述べられているように，子どもを対象とした諸々の活動では，時間の要因を避けて通ることができません。年少児と年中児，年長児の違いを知りたいとか，子どもの成長の記録が知りたいというように，時間的な変化が資料のなかに入ってくるのです。

　このため，保育実践の検討や発達的研究においては，時間を含めた研究方法が用いられます。それが，縦断的研究（longitudinal study）と横断的研究（cross sectional study）というものになります。縦断的な研究では，一人ひとりの子どもを追跡していくことになります。年少から年長までの発達の記録のようなものになります。この方法を用いると，一人ひとりの個性を反映させた検討が可能になります。保育記録を丹念に積み上げると，子どもたちの成長と学習の過程が浮き上がってきます。実は，これは保育所では普段から行われていることなのです。これに対して，横断的研究では，集団の年齢差や発達差に関心が向けられます。年少児と年中，年長児に適した遊びの種類を考えるような場合や，ハイハイができるようになったグループとそうでないグループの玩

具に対する好みを知りたいというような場合です。この方法は，ある一時点での各グループの発達の違いを調べることができるので，時間的にも経費的にも負担が小さくなります。異年齢集団からなる保育所では，このような年齢による発達差は，日常でも考慮されていることと思います。

3 こころの働きの取り出し方

　これらの方法を用いて時間軸に沿った変化が取り出されることになるのですが，子どもを対象とした研究ではもう1つ注意しなければならない問題があります。それは，対象とする子どもたちが，自分の感じていることなどを言葉で十分表現できないという点です。本書において述べられる様々な機能の存在は，多くの場合丹念な観察と以下に述べる選好注視法と馴化‐脱馴化法（じゅんか）を用いた実験的な方法によって確認されてきました。たとえば保育室に2つの絵を貼り付けた時に，子どもは自分の好みでどちらかの絵をより長く見たり，より頻回にその絵に近づいたりします。これは子どもが両方を区別して，それらのなかの特定のものを選び取り，注目しているものと思われます。これを，選好注視と呼びます。同じように，保育室に置かれていた絵や飾りが取り去られた時に子どもたちが何か反応したとします。「あれ，絵がない」とか「何かへんだ」と表現は様々かもしれませんが，それまでと違うということを認識していることになります。このような現象は年齢に関係なく起こります。私たちも同じ刺激を受けていると徐々にそれに慣れが起きて反応が少なくなり，ついには反応しなくなります。慣れ（馴化）はこのように，特定の対象に対しての注意が減少することによって確認できるのです。ところが，その刺激にびっくりするような変化が起きると刺激に対する慣れから脱して再び注意が向けられることになります。これを脱馴化と呼びます。研究法としての馴化‐脱馴化法は，このような慣れによって弱まった注意力は，差異を検出することによって回復するという，私たちがもつ行動特徴を用いて，どれほどの差異を子どもたち，とりわけ乳児が認識できるか（たとえば，表情の違い，rとlの聞き分け）を明らかにしようとするものなのです。この馴化‐脱馴化の手順は，日常では，やりとり遊

びなどでしばしば用いられています。たとえば,「いない,いない,ばあ」を何回か繰り返すと子どもの興味・関心は低下しますが（慣れ）,そこで,大人が「いない,いない,ばばばばあ」などとアレンジをして子どもの注意を引き戻そうとするような場合です。ただし,このような試みは,子どもから笑いを引き出すかもしれませんし,強く驚かせて泣きを引き出すかもしれません。したがって,ある種のアレンジがある年齢の子どもからポジティブな反応を引き出すことに成功すれば,その子がどれほどの差異に興味を示すかを経験的に知ることができることになるでしょう。

　私たちは,これらの方法を用いて,乳幼児理解を深めています。日々の保育活動のなかで,何か気になることが出てきたり,子どもの行動の意味を考える必要が出てきたりした時には,このような考え方で子どもとやりとりをしてみると,たとえ0歳児であったとしても彼らのなかにあるこころの働きを見いだすことができるかもしれません。このような,目に見えない子どもの内面を取り出すことができるということが,また保育実践そのものの効果を評価したり,保育の質を高めたりするための情報を与えてくれることになります。

　このような子どもの理解と同時に,私たちは保育活動そのものの評価も行う必要があります。

② 保育実践の評価

　先に述べた子どもの理解は,子どもの内部にある「こころ」という見えない働きをとらえるという視点からのものでした。このような子ども自身についての理解と同時に,保育実践の過程を客観的にとらえるということも保育活動を進めるうえで重要なこととなります。ここでは,保育者一般から園における保育士にしぼり込んだ形で保育実践の評価とその実際について概観しておくことにします。

Ⅰ　保育と心理学

1 │ 保育の内容の自己評価

　保育所保育指針が2008年に改定された際,「保育の計画及び評価」という1章が新たに設けられました。これは,それまでの指針では,「指導計画は,それに基づいて行われた保育の過程を……反省,評価し,その改善に努めること」と,たった2行しか記されていなかったのと比べると大きな変化です。新しい内容では,「保育の内容等の自己評価」として,保育士自身と保育施設としての保育所の自己評価を通して保育実践の改善に努め,その結果を公表することを求めています。

　ここで述べられている保育の評価とは,「計画→実践→省察→評価→改善→計画」という循環プロセスのなかで立てた計画に沿って実践が展開されたかどうかを検証することと言えます。ただし,計画通りに保育実践が展開されたかどうかは,もちろん,評価の基本的視点ですが,必ずしも計画した通りに子どもが動いたか,動かせたかどうかということ自体の評価ではありません。このことは,保育所保育指針の第4章「保育の計画及び評価」に「子どもの生活する姿や発想を大切にして適切な環境を構成し,子どもが主体的に活動できるようにすること」と記されているように,また,保育所保育指針解説書にも,「計画通りに『させる』『やらせる』保育ではなく,その時々の子どもの状況に応じた応答的な環境の構成や援助を行う」柔軟性が必要とあるように,子ども自身の発想や意思に沿って活動できる自由度を含めた計画を考案することが重要であることを示していると言えます。したがって,その時々の子どもの状況に応じた応答的な活動環境を構成できたかどうか,もし不十分であれば何をどう改善すべきかが,自己評価として求められることであり,その結果を実践にフィードバックすることが自己評価の意義だと言えます。

▶1　厚生労働省（2008）保育所保育指針. 第4章2, 30-31.
▶2　同上書. 第4章1の（2）のアの（エ）, 27.
▶3　厚生労働省（2008）保育所保育指針解説書, 118.

2 保育シナリオとさらなる展開

　このような計画を設定するためには,「統制可能な偶発性」を含む環境構成という視点が重要になってきます。この考え方は,暗黙のルールによる制約の下で,成り行きのままに展開されるところに遊びの特徴があるという遊び理論と重なるものです[4]。その中心的な枠組みは,保育目標に沿った環境の構成と,そこで展開される活動の予測・仮説(シナリオ)の下で,子どもたちの発想に基づく活動が展開できるような「しかけ」を用意しておくことにあります[5]。そのためには,複数のシナリオを用意しておくこと,予期しないことが生じたときに備えた柔軟なバックアップ体制を立てておくことが不可欠です。したがって,ここでの保育士の評価とは,子どもたちの豊かな発想を助ける適切な「しかけ」を設定できたかどうか,その時々の子どもの状況に応じた応答的な活動環境を構成できたかということになります。このように,評価をするためには評価対象をあらかじめ明確にしておくことが必要です。

　このような実践例の1つとして,『11匹のねこふくろのなか』(馬場のぼる(1982)こぐま社)の読み聞かせから,子どもたちがそこに登場するウヒアハごっこを始め,そのうちに,「ウヒアハ,どこにいるの」という子どもたちの疑問から,ウヒアハ探し,そして数週間後には遂には山登りに出かけたというものがあげられます[6]。この時,保育士はこの絵本と探検ごっこをつなげるシナリオを考えて,ウヒアハ探しという「しかけ」を設定しましたが,それが子どもたちの発想に従って登山にまで発展したことは「統制可能な偶発性」だったと言えます。このように,「統制可能な偶発性」とは,保育士があらかじめ用意したシナリオ(環境構成)に足場を置きながら,子どもたちとのやりとり・共同作業のなかで,その枠組みを超えていきつつも,保育目標に沿った新たなシ

▶4　中野　茂(1996)遊び研究の潮流.高橋たまき・中沢和子・森上史朗(編)遊びの発達学——基礎編.培風館,21.
▶5　第11章 **4**「遊びの支援」(p. 160)も参照。
▶6　中野　茂(1991)エピソードの中の子どもたち.発達45号.ミネルヴァ書房,88-95.

ナリオが練り上げられるということを意味します。

3 目に見えないこころの動き，内面の育ちをとらえる

ところで，自分の保育を顧みるためには保育記録（日誌）をつけることが重要ですが，保育場面での記録は，**2**であげた参与観察記録だと言えます。参与観察とは，子どもがどのような活動をしていたのかだけに焦点化した記録ではなく，そこにおける保育士自身の心的活動にも注意を向けた内省的な観察方法と言えます。参与観察記録をとるということは，「評価の視点として『子どもの育ちをとらえる視点』と『自らの保育をとらえる視点』の二つ」[7]を併せもっていると言えます。保育士の働きかけと子どもたちの活動とは相互影響関係にあります。したがって，保育記録は両者の関わり合いとして描かれ，どのような働きかけがどのような活動を生み出し，それにどう応じたのかというプロセスの評価が求められるのです。

小児精神科医のウィニコット（Winnicott, D. W.）は「（1人の）赤ちゃんというものはいない」という有名な言葉を残していますが，赤ちゃんは母親と不可分な関係のなかで存在し，母子間の問題は母親側だけでも，乳児側だけでもなく，両者の関係の在り方のなかにあると論じています。保育場面で展開される活動も，その子どもと保育士自身，さらに，友達，遊具・教材などとの不可分な相互影響関係のもとにあると言えます。ですから評価もまた，この相互影響関係を対象とすることなしには成り立たないと考えられます。

また，保育士の自己評価では，「子どもの活動内容やその結果だけでなく，子どもの心の育ちや意欲，取り組む過程などに十分配慮すること」[8]が肝要です。このことはすなわち，保育士が設定した保育目標にその子がどのように応じたのかという「結果」や活動自体の記録ではなく，「目に見えにくい心の動きなど内面の育ちをとらえること……どのようなことに興味や関心を持ち，どのような活動に取り組もうとしているのか，また取り組んでいるか」[9]を読み取った

▷7 　鯨岡　峻（2005）エピソード記述入門――実践と質的研究のために．東京大学出版会．
▷8 　厚生労働省（2008）保育所保育指針．第4章2の（1）のイの（ア），30．

記録・評価が求められているのだと言えます。たとえば，ちょっと離れたところから友達のしていることをうかがっていて，直接交渉が見られない場合でも，その子なりに参加しているのかもしれません（正統的周辺参加[10]）。無関心で離れたところにいるのとは違います。保育士がその子どものそのような参加スタイルに気がつくことで，その子に対する見方が大きく変わるかもしれません。たとえば，次のようなエピソードがあります。ある早朝，真っ先に登園してブロックを積み始めたMちゃんに保育士がそのわけを聞くと，ほかの子が来ると，使いたいブロックを取られたり，途中までつくったものを壊されたりしてつくりたいものを存分につくれないからだと言います。それを聞いて，保育士は，それまでの保育場面でのMちゃんのブロックをめぐる仲間とのいざこざや不満そうな態度がどこから来ていたのかが，一瞬にして氷解しました。保育場面のなかにMちゃんがブロックに専念できる場が保障されていたら，もっと違った展開になっていたのではないかと，保育士は考えさせられたそうです。

　このように，保育の場で展開される子どもたちの活動の背景にある動機・意図を読み解いていくことが，園児のこころの動きを読み取っていくこととなります。保育評価は，このような保育内容と子どもの内面との相互作用を読み取ることによって，よりよい保育実践への省察をもたらす鍵となるでしょう。その際，子どもと関わりながら評価をしていく場合と，終わってから振り返って評価する場合の2つを有機的に結びつけて，次の課題として生かしていくことで，評価は，より意味あるものとなるでしょう。

　ところで，最近，このような保育実践の見直し・改善や親子関係の改善のための自省を助ける方法として「ビデオ相互作用ガイダンス（VIG）」という技法が発展しています[11]。この技法は，まず，保育者と園児，親と子などが相互交渉をしている場面をビデオに録画し，その後，調和したやりとり場面に焦点化

▶9　厚生労働省（2008）保育所保育指針解説書，144.
▶10　**正統的周辺参加**　社会参加技能の学習過程を表す用語で，最初は集団の周辺的な位置取りで見習いをし，学習成果とともに，中核的な状況へ移行していくことを言う。
　レイヴ，J.・ウェンガー，E., 佐伯　胖（訳）(1993) 状況に埋め込まれた学習――正統的周辺参加．産業図書．

できるように，セラピスト・助言者がそこを静止画やスローモーションで強調し，それを保育士，親が繰り返し視聴するというものです。それによって，無意識のなかで行われている子どもとの関わりを意識化し，よい点をより伸ばすとともに，一瞬で移行していく行動の背景にある動機・意図を文脈的にとらえることで子ども理解を深めることを助けます。英国を中心に欧米では，発達障害児をもつ親，そのような子を担当する保育士への支援方法として利用されています。国内でも臨床的な支援方法として使われつつあります。この方法は，とりわけ，すべての子どもに注意を向けていなければならないとしても，実際には多数の園児すべての内面を読み取り続けることは容易ではない保育士には有意義な方法の1つであるように思われます。複数の保育士によるカンファレンス（検討会）などの画面で，ビデオ実践記録を繰り返し視聴し，子どもたちの行動の背景を読み取り合い，よい実践とは何かを検討する機会を設けることは，よりよい保育実践に有効なものになるでしょう。

3 保育環境のとらえ方

1 よい保育環境とは

さて，これまで子どもと保育実践の理解について専門職者としての保育士の視点から述べてきましたが，ここで子どもを取り巻く環境についてより一般的な保育者の視点から少し整理しておきます。先に，ウィニコットが1人の赤ちゃんというものはいないと述べたことに触れましたが，子どもは母親だけでなく様々なものや人に取り囲まれて育っています。このような子どもを取り巻いている様々な事柄を総称して環境と呼びます。子どもの育ちや学びを支援する

▷11 関根　恵（2010）ビデオ・ホーム・トレーニングを用いた自閉症児とその母親への面接過程. 心理臨床学研究, **28**(4), 412-422.
　　近藤清美（2012）ビデオ育児支援法による母子関係への支援の試み. 北海道医療大学心理科学部心理臨床・発達支援センター研究, 8(1), 25-35.

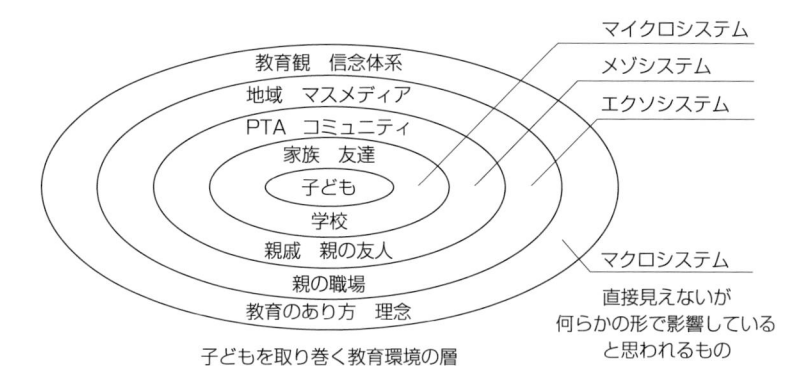

第2章　乳幼児理解と保育実践の評価

図2-2　ブロンフェンブレナーの生態学的システム

注：子どもに直接関わる環境をマイクロシステム（家族，友達など），不定期的に関わる環境をメゾシステム（祖父母，近隣の人々など），親を通して影響する環境をエクソシステム（親の職場環境など），メディアなどを通して影響する環境をマクロシステム（社会経済的状況，文化など）と呼ぶ。

ためには，これらの環境要因を整理して理解することが大切になります。保育を進めるために調整する環境要因には，保育室や園庭，騒音，採光，暑さ寒さなどの物理的環境要因，細菌やカビ，花粉などの生物学的環境要因，食物添加物や壁紙に含まれる化学物質などの化学的環境要因，そしてなによりも大きな人間関係などの心理・社会的環境要因，などが含まれます。保育者は，子どもが生活している時間と空間を越えて，これらの環境要因が子どもの保育にとって適切であるかどうかを評価する必要があるのです。これらの評価はしかしながら，それほど簡単ではありません。特に社会的環境は，子どもの成長に伴ってその広がりや複雑さが変化していきます。

　子どもを取り巻く人間関係は，ブロンフェンブレナー（Bronfenbrenner, U.）が図式的に示しているように，親，仲間，教師，祖父母，親の職場環境，文化など重層的な構造をもっています（図2-2）。社会がもっている子どものとらえ方は，メディアなどを通して養育者や保育者に伝わり，それが子どもとの接し方に影響することになります。たとえば，早期教育が重要であるというような話題がメディアで多く取り上げられると，子どもを取り巻く母親や保育

者はそれに影響された接し方をしがちです。これは，その時代の考え方が間接的に子育てに反映されたことになります。子どもは様々なレベルの環境のなかで育っています。したがって，子どもの理解においては，子どもだけでなく，彼らを取り巻いている重層的な環境要因を考慮に入れなければならないのです。保育者の前で展開されるある子どもの行動は，その子どもの特性だけでなく，養育者やきょうだいとの関係性によっても変化してきます。社会的な不安がいくつかの層を経て子どもの行動に影響していることも考えられます。保育者は，これら子どもを取り巻く様々な環境の存在を意識し，それらを調整する役目を担っていることを自覚することが重要です。

2 │ 保育の質とは

　保育に携わる人々は誰でも「質のよい保育」を目指しているに違いありません。これまで述べてきた子どもの内面の理解，保育評価，保育環境の調整のいずれも上質な保育を提供するためのものです。保育所保育指針の至る所にも，「保育の質の向上を図る」と記されていますが，それでは，「保育の質」とは何でしょう。

　現在，アメリカではアメリカ国立小児保健・人間発達研究所（NICHD）による，家庭外保育の長期的影響を検証するために，1991年に子どもが生まれた全米の364家庭を追跡するという大規模な縦断研究が行われています[12]。その成果として得られた第1のことは，家庭外保育は，家庭保育と比べて子どもの発達に何らの悪影響を与えないこと，4，5歳までの間，週に30時間以上の保育を受けた場合には，問題行動（攻撃的，不従順さ）を示す子どもが家庭保育児よりも比較的多い（17%対5％）ということです。

　しかし，この結果は，保育所の「保育の質」に依存していました。ここでの「質のよい保育」とは，1つには，①子どもと保育士の比率，②保育集団（クラス）のサイズ（人数），③保育士の教育レベルなど，保育施設の構造的な面で

▷12　日本子ども学会（編）菅原ますみ・松本聡子（訳）(2009) 保育の質と子どもの発達──アメリカ国立小児保健・人間発達研究所の長期追跡研究から．赤ちゃんとママ社．

す。1人の保育士が受けもつ子どもの数が少なく，1クラスの子どもの数が少なく，保育士の教育水準が高いほど，換言すれば，専門性が高いほど，子どもの発達によい影響を及ぼしていました。もう1つには，日常での実践のなかでの子どもへの「関わりの質」です。そのなかで，一貫して影響力をもったのは「ポジティブな保育」でした。「ポジティブな保育」とは，子どもへの①ポジティブな態度，②ポジティブな身体接触，③ポジティブな応答性，④簡単な質問，⑤ほめる，歌う，お話をする，物事の説明をするなどの話しかけ，⑥発達を促す手助け，⑦社会的な行動を促し，自分が手本となること，⑧読む力の手助け，⑨ポジティブな態度で接する努力，などです。これらの点が多いほど「質の高い保育」となり，3歳までにそのような保育を受けた場合，その後の言語・認知能力で，そうではない子どもたちよりよい成績となることが見いだされています。また，構造的側面と関わりの質とは関連し，少数の子どもに専門性の高い保育者が関わるほど，ポジティブな保育が実践されることが認められています。したがって，「保育の質の向上を図る」とは，「ポジティブな保育」が実践できる環境を整備することだと言えるのではないでしょうか。

> **本章のまとめ**
>
> 　本章では，子どもを理解する方法，保育実践の評価について検討しました。行動の注意深い観察は，私たちに多くのことを教えてくれます。とりわけ，その子を伸ばそうとして，何かを与えるのではなく，その子のよさを拾い上げられたかどうかの自己評価ができることが「質の高い保育」につながります。

II　子どもの発達理解

　第II部の子どもの発達理解では，子どもの様々な機能の発達的な変化を領域別に見ていくことにします。ここでは，各機能がどのように変化していくのかという，時間軸に沿った変化の様子が述べられますが，保育現場では，個別の発達的変化を把握するだけでなく，それら機能間の連関性を理解することが重要になります。子どもの発達を理解するうえで大切なことの1つは，このような機能連関という考え方です。年齢相当の行動が形成されていないときに，その行動を構成する要素が準備されているのかどうかを評価してみてください。個別の支援はこの評価にかかっていると言ってもよいでしょう。

第3章

身体・運動の発達

ポイント

1 身体発育の基本的な姿を理解し，実践での評価に活用できるようにする。
2 個々の運動機能の発達を理解する。
3 個々の運動機能間の連関の重要性を理解する。

1　身体の発育

　子どもたちの運動発達を支えているのは，筋力や骨格などの身体の発育になります。「めきめき」育つという表現がぴったりするくらい，乳幼児期の子どもたちは育っていきます。身長や体重のような身体的・生理的な変化は，「発育・成長（growth）」と呼ばれ，運動機能や心理的な機能の変化を指す「発達（development）」と区別して使われています。したがってこれら身体の加齢に伴う量的な変化は，以下に述べるように，発育（成長）曲線として扱われることが多くなっています。

　実際，誕生後の子どもの変化でもっとも見えやすく，保護者・保育者ともに注意が向けられやすいのは身体の発育ではないでしょうか。身体の大きさや，バランス，筋力などは，その子どものもつ行動の可能性を規定する重要な要因となります。体力差などと言いますが，小さな子どもにとっては，活動力が養育者や仲間との関係性のあり方を決めることにもなるのです。これらのことが学齢期における対人関係の積極さなどとも関係してくることは私たちの経験からも理解できそうです。このような，身体性がつくり出す子どもの活動については，普段の保育場面でも経験されています。

　図3-1は，厚生労働省が発行している母子健康手帳に記載されている子ど

II 子どもの発達理解

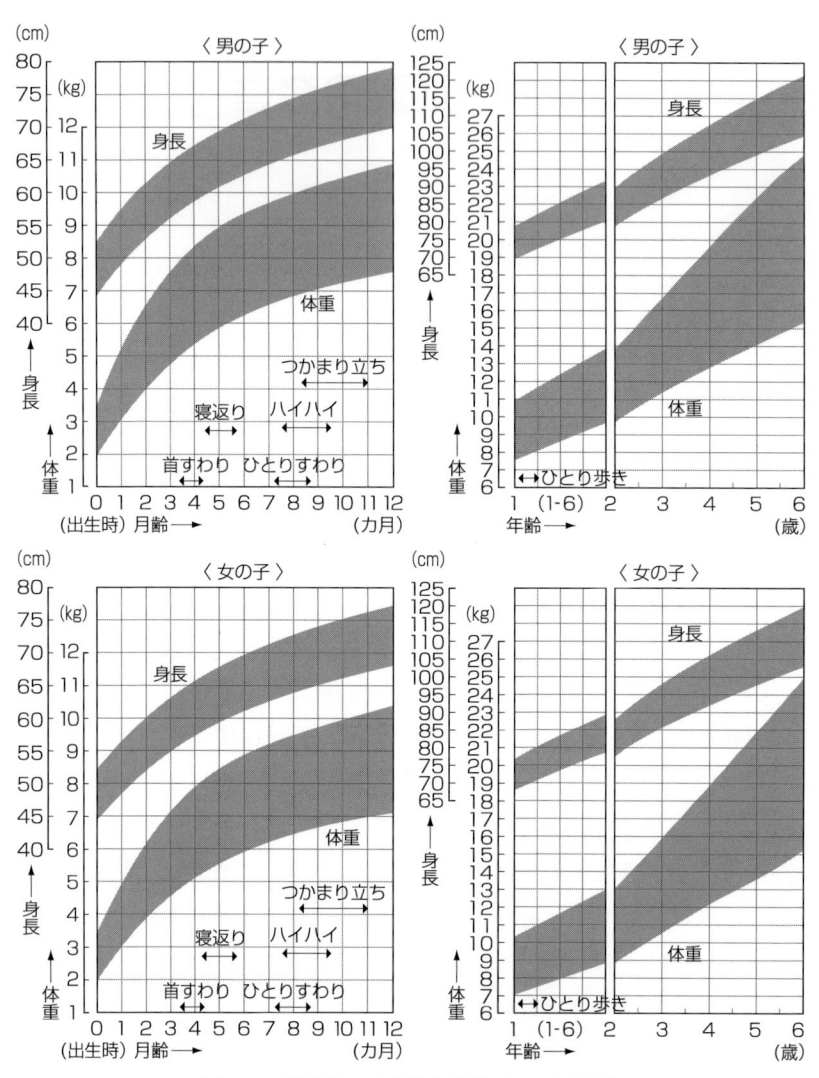

図3-1 乳幼児の身体発育曲線（2010年調査）

注：首すわり，寝返り，ひとりすわり，ハイハイ，つかまり立ちおよびひとり歩きの矢印は，約半数の子どもができるようになる月・年齢から，約9割の子どもができるようになる月・年齢までの目安を表したもの。
　　帯のなかには，各月・年齢の94％の子どもの値が入る。なお，2歳未満の身長は寝かせて測り，2歳以上の身長は立たせて測ったもの。
出所：厚生労働省ホームページ　http://www.mhlw.go.jp/seisakunitsuite/bunya/kodomo/kodomo_kosodate/boshi-hoken/dl/kenkou-04-01.pdf（2013年1月10日閲覧）より。

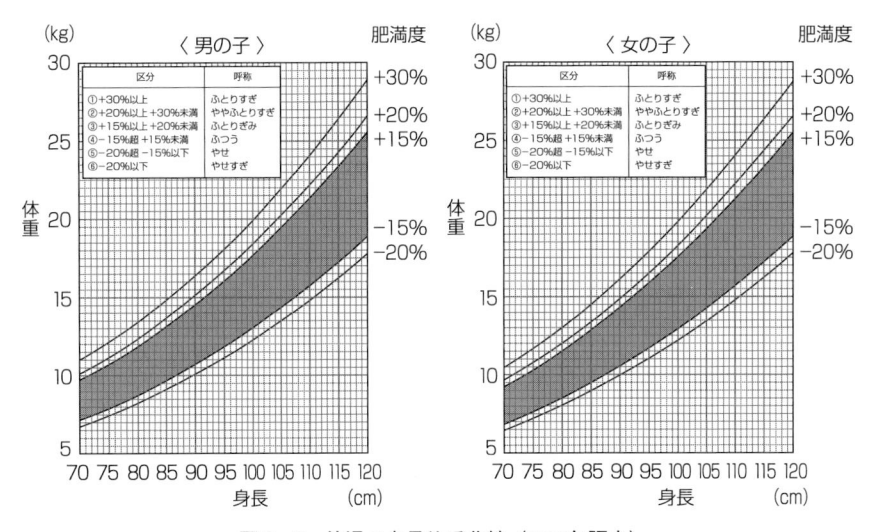

図3-2 幼児の身長体重曲線（2010年調査）
出所：厚生労働省ホームページ　http://www.mhlw.go.jp/seisakunitsuite/bunya/kodomo/kodomo_kosodate/boshi-hoken/dl/kenkou-04-01.pdf（2013年1月10日閲覧）より。

もの種々の身体発育に関する発育曲線です。出生後1週間くらいの間，生理的減少と言われる体重の減少が見られますが，その後第2週くらいに誕生直後の体重にもどり，それから1年の間に，身長ではおよそ1.5倍，体重で3倍に，幼児期の終わりになる6歳頃には，身長でおよそ2倍，体重では実に7～8倍になります。このような急激な変化は，この後においては見ることがありません。子どもたちは，このような身体的な発育に伴って，種々の運動機能を発達させていくことになります。

　上述したように身体の発育は，行動の可能性をつくり出す重要な要因となりますが，近年は身長と体重のバランスにも注目が向けられており，小児生活習慣病と結びつく肥満などについても注意が向けられています（図3-2）。これらの情報はまた，養育者の虐待傾向など，子どもを取り巻いている養育環境の悪化などを推測するためにも重要な資料になります。また，近年の傾向として，子どもたちの身長や体重が減少傾向にあることも指摘されています。

2　運動の発達

1 原始反射と外界への適応

　身体の発育について述べましたが，これらは生まれながら準備されている生理的な機構によるものであり，外界からの養分摂取によって量的に増大する方向に変化していきます。環境が一定レベル整っていればほぼすべての子どもがこのような成長のコースをたどるのです。

　このような量的な変化に加えて，私たちは，外界との相互作用によって，自らをより快適な状態にして適応的に変化させるという変化の機構をもっています。これらは，誕生時に生得的に準備されている基本的な機構を用いて展開される発達的変化と呼ばれるものです。誕生時にはすでに，外界との相互作用を可能にし，誕生後の子宮外環境に適応するための最小の働きとでも言える機能が準備されています。誕生後に見られる，運動系でもっとも顕著なものは，原始反射です。

　原始反射は，誕生から4カ月くらいまでの間に観察される不随意的な反射運動で，大人の人さし指を新生児の口のなか3～4cmに入れると，リズミカルに吸うような運動をする「吸啜反射」や，口角，上下唇に指で触れると，刺激された方へ頭を回転させ指を吸おうとする「四方反射」，指で手のひらを圧迫すると，指全体で指をつかむような動作をする「手掌把握反射」などがあります。これらは，4カ月くらいで消失し，随意運動に移行していくことになります。これらの反射の特徴を見てみるとわかるのですが，たとえば，吸啜反射が効率よく母乳を得るための準備であるように，これらは，赤ん坊が誕生後「とにかく」新しい環境に適応し生き残るために必要な，サバイバルキットのようなものとでも言えるものです（図3-3）。

　ですから，これらのキットは，子どもが自らの意思によって働かせることができる種々の基本的な機能が働き始めると，それらにバトンタッチされていく

第3章 身体・運動の発達

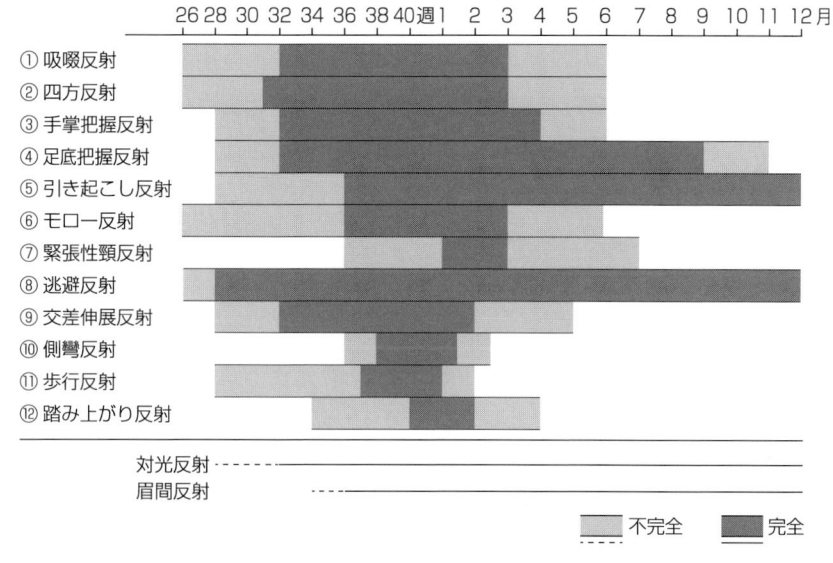

	26 28 30 32 34 36 38 40週 1 2 3 4 5 6 7 8 9 10 11 12月
① 吸啜反射	
② 四方反射	
③ 手掌把握反射	
④ 足底把握反射	
⑤ 引き起こし反射	
⑥ モロー反射	
⑦ 緊張性頸反射	
⑧ 逃避反射	
⑨ 交差伸展反射	
⑩ 側彎反射	
⑪ 歩行反射	
⑫ 踏み上がり反射	
対光反射	
眉間反射	

　不完全　　完全

図3-3　主な原始反射の出現時期

出所：斎藤　晃（2002）乳幼児期．田島信元・子安増生・森永良子・前川久男・菅野　敦（編著）認知発達とその支援．ミネルヴァ書房，93．

ことになります。このため，原始反射は初期の発達を評価する重要な指標となっているのです。原始反射が，自動的に準備された生存のための運動であると考えられるのに対して，外界との相互作用を支え，自己と外界をつなぐ働きをするものが随意運動と言えます。

2 運動発達

　随意運動として子どもの発達を見ていくときに注目されるのは，手指運動と移動運動，そして少し様相が異なりますが顔の表情ではないでしょうか。これらはともに子どもが外界との相互作用をするときに用いられる，コミュニケーションのチャンネルです。子どもたちは，これらのコミュニケーション・チャンネルを通じて，外界の情報を取り込むために対象を操作したり，相手に接近したりするのです。動物としての「ヒト」が自分を取り巻く環境のルールを理解し処理する「人」となり，社会的存在としての「人間」となっていくために，

これらの運動機能は重要な働きをしているのです。

　このような初期の運動発達は，後の様々な認知機能の発達をつくり出す構成要素でもあり，知的な働きと密接に関係しています。物をつかむ動作も注意深く見てみると，子どもの認知発達と密接に関係していることがわかってきます。5カ月頃には握ったガラガラなどを振り回すことができるようになります。しかし，それをもち替えることができるようになるのはずっと遅れた10カ月頃になります。この後には，コップを両手でもって口にもっていくような行動ができるようになり，つかむという動作は，指を使った「つまむ」という微細な作業を可能にする操作に変わり，さらには道具の使用につながっていくことになります。

　この操作（manipulation）という言葉は，容器のふたを開閉するとか，道具を使う時のように，外界の対象に対して目的的に働きかける運動の，機能的な側面をとらえて使われます。これは，目的に応じて私たちがもっている個々の筋肉運動を巧妙に組み合わせて，解決しようとしている課題に対して，頭のなかにある思考イメージを実行に移すための運動であり，視覚と運動，そして課題解決という認知能力を統合した，きわめて複雑な働きということになります。ハサミで紙を切るという作業が子どもたちにとってどれほど難しい課題であるのか，うまく使いこなすまでにどれくらいの時間が必要かなどを思い出してみると，このことがよく理解できるのではないでしょうか。

　このような運動の発達は，その運動を構成する下位の運動要素が組み合わさってつくり出されています。たとえば，図3-4に示されている移動運動を見てみると，姿勢の保持とバランスなどが準備された後に走ったり，ジャンプしたりするというような高度な運動機能が出現することが読みとれます。

③　新生児・乳児期の運動発達

　新生児期の運動は，大きく未分化な全身性の粗大・塊運動（gross movement），外的な刺激によって誘発される反射運動（reflex movement），そ

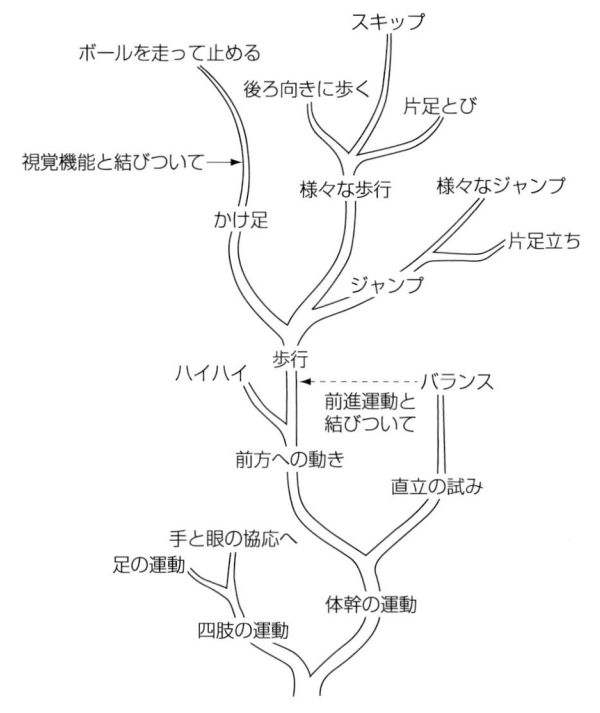

図 3-4 機能の出現順序の樹形図
出所：河合優年（1992）知覚と運動の発達．高橋道子（編）胎児・乳児期の発達．金子書房，85．を改編（原図は Cratty, B. J. (1986) Perceptual and motor development in infants and children. Prentice-Hall, Inc.）。

して手足の律動的な運動や頭を動かすような運動などの一般運動（general movement：GM）に分けられます。近年は，新生児期から乳児期前期におけるGM が，後の運動発達と密接に関係しているとされ，盛んに研究が進められています。

生後 1 カ月からおよそ 1 年間までの乳児期には，誕生時に用意されていた運動要素を組み合わせながら，外界と相互作用していきます。運動の発達過程は大きく移動運動と手指運動とに分けられます。

身体各部位の発達的変化を見てみると，3 カ月頃までに頭部の統制が可能に

▶1　多賀厳太郎（2002）脳と身体の動的デザイン —— 運動・知覚の非線形力学と発達．金子書房．

なり，5カ月前後には体幹の統制が，9カ月頃に手指の統制が，そして生後1年頃までにそれらが組み合わさって，身体を支えながら物を操作できるようになることがわかります（表3-1）。この方向性を見てみると，運動発達が頭部から尾部に向かって進むことが見て取れます。

移動運動について見てみると，歩行が可能になるまでにおよそ1年を要することが読み取れます。これは図3-4に示されているように，移動能力が，四肢の運動とそれを支える体幹の成熟，そしてバランス感覚などが組み合わされた高度な機能であることと関係していると言えるでしょう。しかし，移動能力の獲得は，子どもの能動的な活動を可能にするものであり，外界に対する興味や探索行動を引き出し，後の認知発達を促す重要な契機ともなっています。ヒトが他の霊長類と異なり，直立二足歩行することによって大きく進化したように，歩行の成立を境に子どもたちは大きく変化します。彼らは，自分の興味のあるところに，自分の意志で移動できるようになるのです。このことが一気に子どもの活動範囲を広げ，それに続く言語発達と相まって，他者との関係のなかで存在している「人間」としての活動の開花につながっていきます。

これに対して手指の運動は，身体を支えたりする働きとともに，視覚との協応のもとで外界の対象を操作するという知的な活動と関係しています。この操作のなかには，自分の意図を表現して，取ってほしい対象を指さすというような行為も含まれます。これは，コミュニケーションの道具としての手の使い方とも言えるものでしょう。この機能の獲得は，意図の伝達を可能にし，遠くにある対象との関係をつくり出すことになります。「おかあさん，来て」と手を母親の方にのばすことなどは，意図を表出するだけでなく，関係性をも示すものとして母子関係の指標となっています。

手指運動の発達過程で興味深いのは，左右の手の働きに現れる非対称性です。これは，利き手という，人間に固有な現象です。利き手は9カ月頃から見られ始めるのですが[2]，これが支える手と操作する手となり，後の認知発達と関係し

---

[2] 河合優年（1997）乳幼児期の視覚運動発達．風間書房．

表3-1 生後1年間の主な運動発達

	頭 部	体 幹	足	指
1カ月	顔の向きを変える		足をつっぱる	開いたり閉じたりする
2カ月	うつぶせで頭を上げる			触れたものを握る
3カ月	首がすわる		両足をピンとのばす	授乳時に服などを引っ張る
4カ月		支えると座っていられる		
5カ月			抱くと足をバタバタ動かす	ガラガラなどを手を出してつかむ
6カ月		寝返りができる		
7カ月				
8カ月		自分で座っていられる	両手でつかまり立ち	
9カ月				両手にもったものを打ち合わせる
10カ月			片手でつかまり立ち	箱のふたなどを開けようとする
11カ月		前かがみができる		
12カ月			少しの間1人で立てる	

てきます。利き手は1歳半から3歳くらいの間に確立されますが,言語の形成とも関係しているとされており,発達の指標としても重要なものとなっています。

　手指の発達を見てみると,体幹の統制と前後して操作が可能となっていることが読み取れます。座位で身体を支えることができ,姿勢を制御できるようになることによって,身体の前での対象の操作が可能となるのです。対象を握るという動作を見ても,このような巧緻性の発達の様子が現れています（図3-5）。把握の形状を見てみると,5カ月前後までは対象に触れるだけであったものが,わしづかみ動作を経て,様々な形のつかみ動作が出現してきます。利き手の萌芽が見られる9カ月をすぎると,指を使った把握動作がさらに巧緻化し,ピンチと呼ばれる人さし指と親指を使ったつまみの動作が見られるようになります。この発達過程には,上肢運動である手の位置決めなどの動作から,指先での微細運動へという,中心から末梢へという方向性が示されています。これも発達の方向性として重要なものとなります。

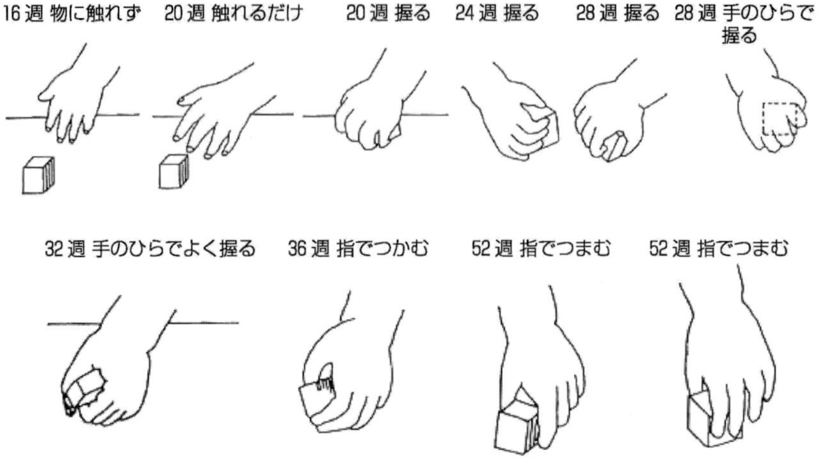

Ⅱ 子どもの発達理解

16週 物に触れず　20週 触れるだけ　20週 握る　24週 握る　28週 握る　28週 手のひらで握る

32週 手のひらでよく握る　36週 指でつかむ　52週 指でつまむ　52週 指でつまむ

図3-5　把握動作の発達

出所：橘川真彦（2001）どこまでおおきくなるの──運動能力と身体の発達．川島一夫（編著）図でよむ心理学．福村出版，45．

4　幼児期の運動発達

　幼児期には，乳児期に形成された，歩行運動や対象の操作がさらに巧緻化し，運動能力が高くなります。このことによって活動範囲が拡大し，環境との相互作用が活発となります。これらの運動機能の発達が記憶や言語機能の発達と連関し，より高次の認知機能を形成することになります。

　これらの四肢の運動機能の発達は，子どもの行動そのものだけでなく，認知機能や社会的な活動にも影響を与えています。また，運動能力の高まりとともに，絵本を見るとかテレビを見るという受容的な遊びから，身体の運動を楽しむ運動遊びへの移行が生じてくるように，遊びの種類や活動の内容が変化してくることになるのです。

　保育場面においても，発達段階に応じて，このような機能間の協応を必要とする，両手を使わなければ開けられないようなフタつきの入れ物や，順番に操作しないと動かないような玩具を準備するなどの工夫をすることによって，子

表3-2 男女別の平均身長と平均体重の変化

	身長		体重	
	男子	女子	男子	女子
5歳（幼稚園）	110.5	109.5	18.9	18.5
6歳（小学校1年生）	116.6	115.6	21.3	20.8
7歳（小学校2年生）	122.6	121.6	24.0	23.4
8歳（小学校3年生）	128.2	127.4	27.0	26.4
9歳（小学校4年生）	133.5	133.5	30.3	29.8
10歳（小学校5年生）	138.8	140.2	33.8	34.0
11歳（小学校6年生）	145.0	146.7	38.0	38.8
12歳（中学校1年生）	152.3	151.9	43.8	43.6
13歳（中学校2年生）	159.6	155.0	49.0	47.1
14歳（中学校3年生）	165.1	156.6	54.2	49.9
15歳（高校1年生）	168.3	157.1	59.4	51.4
16歳（高校2年生）	169.9	157.6	61.3	52.4
17歳（高校3年生）	170.7	158.0	63.1	52.8

出所：文部科学省　平成23年度学校保健統計調査（確定値）
http://www.mext.go.jp/b_menu/toukei/chousa05/hoken/kekka/k_detail/1319050.htm（2013年1月10日閲覧）より作成。

どもの好奇心や達成感をうまく使った活動が展開できます。機能間の連関という視点は，子どもの発達を促すという意味でも重要であると言えます。

5　児童期から青年期にかけての運動発達変化

　児童期の身長，体重の変化は表3-2に示されている通りです。児童期は幼児期と青年期の間で比較的安定した成長を示しますが，8歳から10歳にかけては女子の発達速度が増大します。その意味では，この時期は女子優位の時期とも言えます。
　子どもたちはこの後，青年期に移行していくことになります。この時期の身体的な変化は第2伸張期と言われるように，著しいものがあります。またこの

頃には，男女ともに第二次性徴と言われるように，外見的な変化が現れ，これが自分とは何かという，青年期の課題でもある自我同一性という心理的な問題ともつながってきます。

6 運動発達の過程をどのように説明するのか

これまで見てきたように，発達初期に観察される反射運動の消失と乳幼児期に見られる随意運動の出現，そしてそれに伴う手指運動の巧緻化の過程は，生得的に準備された機能を能動的に使って環境と相互作用することによって発達が進むのだという，経験論的な考え方とうまく合致するように見えます。

ピアジェは，その発達段階説において，感覚運動期として2歳までの発達を表3-3のように示しています。

このなかでは，誕生後わずか2年の間に，環境に対して積極的な働きかけができるようになることが示されています。そしてなによりも重要視されているのが，子どもがもっている基本的な行動要素を使った外界との相互作用です。子どもは，運動器官を使って外界に働きかけ，自分を快適な状態に保つように関係を調整しようとします。環境を取り込みながら自分を変化させますが，環境に合わせられなくなったときには自らの行動を変化させ，外界に適応しようとするのです。乳幼児期に見られた子どもたちの運動発達の諸相は，このように考えると，環境との相互作用のなかで自分を変えるということでもあったのです。

このような相互作用とともに，近年の発達モデルは，個々の要素の相互連関を重要視しています。本章で取り上げた，図3-4の特徴は，運動の出現順序だけでなく，その基となる運動要素の関係性を系統樹として示し，ある動作の起源を示しているところにありました。これをさらに手指運動などと関連づけ

▷3 **自我同一性** 青年期になると，それまで意識せずに受け入れてきた自分に疑問をもつようになり，「本当の自分は何か？」と自問するようになる。彼らが，自分に合う生き方を模索し，これが自分であると納得できる自分を見つけたときに自我同一性が達成されるとされている。

表3-3 ピアジェの感覚運動期に見られる発達の特徴

0〜1カ月	光や音，唇に触れる物に対して，生得的にもっている反射によって反応する。
1〜4カ月	第一次循環反応：自分の身体に限った感覚運動の繰り返しであり，指の開閉を繰り返したり，発生音を繰り返したりする。
4〜8カ月	第二次循環反応：第一次循環反応のなかに物を加えることによって，それを強化するような"子どもにとっておもしろいもの"をつくり出す行動ができるようになる。音の出る物を繰り返して振るなどの行為，目と手の協応動作など。
8〜12カ月	二次的シェマの協応：新しい対象を自分のもっているシェマ（行動・思考の枠組み）に取り込むことができるようになる。意味的な行動が見られるようになる。
12〜18カ月	第三次循環反応：動作は慎重で効果的になる。効果のない行動は修正され，組織的な反応がつくられるようになる。「手探りの調節」と呼ばれたりする。

注：ピアジェは，このような感覚運動を，知能の発達の始まりとしてとらえた。この後，シェマを組み合わせて新しい手段をつくり出すことができる過渡期を経て，その後の段階につながっていく。

てみると，高度な行動の起源が見えてきます。たとえば，歩くという動作1つをとっても，視覚情報の処理や，目的地の記憶，障害物の判断などというような，多くの要素の組み合わせから成り立っていることがわかります。それらの要素は別のチャンネルからなる樹形として示すことができます。このような，「部分が全体と，全体が部分と関わる」という考え方は，今日的な運動発達研究の流れとなっています。

人としての特徴である，直立二足歩行が，移動能力だけでなく，人間に操作という能力を与え，世界についての認識をつくり出す大きな原動力となったように，乳児は運動の能動性を得ることにより，一気に知的な機能を開花させることになるのです。運動と認知の関係についてはさらに次章で検討していくことにします。

本章のまとめ

子どもの発達を個々の機能の年齢変化だけでとらえては十分ではありません。単独の機能の発達的変化も重要ですが，個々の機能が相互に関連して後に現れる機能をつくり出す，という視点から機能をとらえることが大切です。能動的に運動できるようになるということが子どもたちにとってどのような意味をもっているのか，知識をしっかりと得るようにしてください。

第 4 章

知覚・認知の発達

|ポイント
1 感覚，知覚，認知などの機能の意味を理解する。
2 発達段階に応じた知覚，認知の特徴とそれを支える他の機能の発達を理解する。
3 幼児期の自己中心性がつくり出す世界観を理解する。

　第4章では，子どもがどのように外界を認識しているのか，また自分を取り巻く世界についてのルールをどのように習得していくのかについて述べてみます。第3章において述べたように，移動能力や物を操作する能力は，外界と相互作用するうえできわめて重要なものです。そして，それらが完成するまでには1年以上の歳月が必要なのです。このことがまた，生理的早産と言われるように，乳児期を中心とした養育者による保護を必要とする理由でもあります。

　これに対して，外界の情報を取り込む感覚器官は誕生前から機能していることが知られています。子どもは誕生した瞬間から外界を取り込んで，自分がこれから生活していく世界を組み立てているのです。

　この章では，子どもたちが外界の情報をどのように取り込んでいるのか，またそれらの機能を使ってどのように自らの快適性を得ようとしているのかについて考えてみます。子どもたちがどのように外界を理解し，どのように課題を解決しているのかを知ることは，保育実践にとっても重要なことと言えます。

▷1　**生理的早産**　ポルトマン（Portmann, A.）が唱えた説で，誕生時の人は他の大型は乳類に比べると未熟な状態で出産され，その後しばらく成熟を待たなければならないということをさして用いられる。第7章 **2** 1「生理的早産と社会性」（p. 96）も参照。

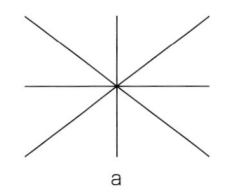

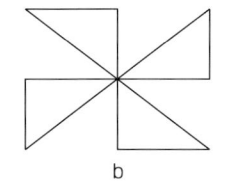

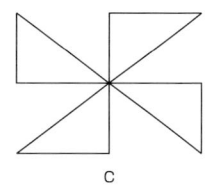

図 4-1 背景から浮かび上がる様々な図

1　外界の情報を取り込む

　私たちは様々な刺激に取り囲まれて生きています。まったく刺激がない状況は100％存在しません。そのような刺激を取り込むための器官が，感覚器官と呼ばれるものになります。五感と言われるように，これらには，視覚，聴覚，嗅覚，味覚，触覚などがありますが，これ以外にもおなかがグルグルしているというような内臓感覚などがあります。これらの機能の状態は，保育場面においても子どもの状態を知るうえで重要な指標となります。これらの器官によって取り込まれた外界の情報は，処理のレベルによって感覚，知覚，認知と区別されています。

　感覚器官は，感覚受容器と呼ばれるように，直接情報を受け取る器官です。感覚器官が刺激されるとその情報は脳に送られ，私たちはそこに「何か」があると判断します。しかし「何か」があるのであり，それが何であるのかはわかりません。これを感覚（sensation）と言います。私たちは，「何か」あることに気づくと，それが「何であるか」を知ろうとします。このような働きを知覚（perception）と言います。刺激がまとまりをもった図として，浮かび上がってくるのです。

　図4-1は4本の線を同じく4本の線分で閉じた物です。aの4本の線に線分が加えられることによって，bやcのような図が浮かび上がってきます。このように背景から図として浮かび上がるようなものが知覚像となります。子どもは，このようなまとまりとして外界をとらえようとするのです。このように

知覚された対象も，文脈などによって意味づけが異なってきます。図4-2を見てください。中央の図形は，上下のAとCに挟まれたものとして見ると英語の「B」としてとらえられ，左右の12と14に挟まれたものとして見ると数字の「13」ととらえられます。同じものでもそれをとらえる人によって意味が異なってくるのです。子どもは，同じように見えるものも，文脈によって意味づけが異なるということを，経験のなかで学習していきます。一貫した養育態度が望まれるのは，ある行動の認知的な意味づけを形成するためでもあるのです。

図4-2 文脈によって異なる見え方

このように，子どもを取り巻いている情報は，外界に何かあるという感覚のレベルから，同じ対象でも時と場所によってその意味が異なるのだという認知的な働きまで，対象の処理の仕方が異なります。子どもたちは，外界と相互作用しながら自分を取り巻いている環境がもつ意味を自分のなかに取り込んでいくのです。では，誕生時にはどのような機能が準備されているのでしょうか。

2 誕生時に準備されているもの

外界を取り込む働きはいつ頃から機能し始めるのでしょうか。誕生時には自分を取り巻いている様々な情報をどのように取り込んでいるのでしょうか。写真4-1は，誕生数十分後の赤ん坊です。目を見開いていますが，見えているのでしょうか。

かつて赤ん坊は無能な存在であると考えられていました。しかし，近年の研究は，彼らが誕生時に多くの機能を有しており，未分化ではありますが外界の情報を取り込んでいることを明らかにしています。少なくとも，そこに何かあ

第4章　知覚・認知の発達

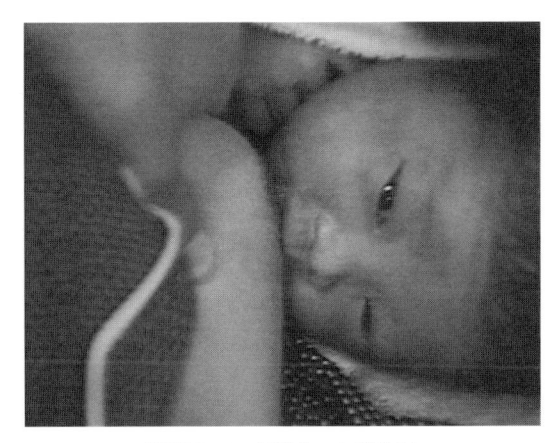

写真4-1　母乳をのむ新生児

るということや，単純な知覚像は区別しているようです。

　視覚機能についての研究結果は，少なくとも在胎24週くらいには視覚系が機能していることを明らかにしています。おなかのなかで胎児は，光に反応しているようです。ただ，ものの形や模様に対して働く視覚野の神経細胞は，単純な光に対しては反応しないことや，網膜の黄斑部の成熟が生後になることから，ものが見えていると結論つけることはできません。

　聴覚については，在胎26週で音に対する脳波の変化が得られることや，神経の処理能力と関係している内耳の感覚器や聴覚系での髄鞘化(ずいしょう)が，胎児期に完成することから，胎児は母親の心音や肉声を聞いていると考えられます。興味深いことに，胎内で聞いているであろうと考えられる子宮内血流音や腸の雑音を誕生後の赤ん坊に聞かせると，泣いている新生児が安静状態になることが見いだされています。このことは，彼らが胎内で音を聞いているだけでなく，それらを記憶している可能性を示しています。

　嗅覚や味覚などの化学感覚は，味蕾が在胎12週にはかなり成熟した形で見いだされることや，誕生直後の新生児が母乳のにおいを区別しているという研究などから，比較的早くから機能していると考えられます。

　このように，外界の刺激を取り込むための感覚器官は，誕生時にはおおむね

準備されています。これらのことは，子どもたちが，誕生直後から自分を取り巻いている環境に存在しているものを知覚していることを示しています。彼らは，これらの器官と第3章において述べた運動機能を使って，きわめて早い時期から環境と相互作用しているのです。

③ 新生児・乳児期の知覚・認知発達

1 環境からの応答の重要性

　子どもたちは，誕生時に準備されている種々の感覚機能を使って，外界の情報を取り込んでいますが，同時に，それらの情報を獲得していく過程を通じて外界がもっているルールを習得していきます。その様子は，刺激を取り込むときの正確さや情報処理の速さ，視覚と聴覚，視覚と手指運動など他の機能との協応精度の上昇などによって理解することができます。表4-1は乳児期初期までの主な感覚機能の発達の様子を示しています。

　新生児期は，自発呼吸や体温の調整，栄養の摂取，原始反射など，生得的にもっている基本的な機能を使って，新しい環境に適応し「とにかく生きる」ための活動が中心であるように見えます。しかし，この時期においてさえも，外界の情報を収集し，それに対して働きかけ，環境は自分が働きかけると応答してくれる存在であるという，基本的な外界との関係性がつくられているのです。

　このような関係性の形成には，自分の働きかけの結果がどのような反応を引き出すのかという，行動とその結果の間の随伴性（関係性）が重要になります。ですから，環境からの応答がなければ，自分自身の行動がどのような意味をもつのかがわからなくなるのです。このことからも，保育者など周囲の大人の適切な応答が大切であることがわかります。

　最初の1ヵ月をすぎた赤ん坊は，機能している感覚器官を使って，乳児期の間に急激な変化をとげることになります。この乳児期の期間は，新しい環境のなかで「うまく生きる」ために，様々な機能を使って環境に適応していく時期

表 4-1 誕生後の主な感覚機能の発達

	聴 覚	視 覚	その他の器官
誕生直後	胎内で聞いていた声などを区別できる	視力は0.25～1c/deg.（成人では64c/deg.）コントラストの強い部分（境界）を注視する	触覚は誕生時には機能している（口唇周辺が敏感）味覚も生後2～3日でその存在が確かめられている（溶液の濃度の順序を判断している可能性）嗅覚も機能しており匂いの好き嫌いもある
1カ月	音がどこから来ているのか（音源）の定位が可能になる 一部音韻の区別ができる	図形の輪郭を目で追うことができる	
2カ月	イントネーションの区別ができる	図形の内部や細部に注意を向けることができる	
3カ月	視覚と聴覚の統合が進む（運動している対象と音の移動など）	色彩に対しても反応（刺激が大きいと新生児でも緑と赤などの区別ができるとする研究もある）見慣れた人とそうでない人の写真などを区別する	
6カ月	音源の定位など聴覚情報系の精度が高くなる	安定した視覚世界の成立	

出所：河合優年（1998）種々の機能が働き始める時．小嶋秀夫・三宅和夫（編著）発達心理学．放送大学教育振興会，48．

になります。以下において，乳児期の知覚と認知の発達について見ていくことにしましょう。

2 乳児期の知覚発達

　視覚機能について見ると，1カ月頃には赤緑青の区別ができるようになるとされています。この頃には図形の境界部分への注視もできるようになります。サラパテク（Salapatek, P.）によると，2カ月になると，図形の輪郭線をたどって形を追うことができるようになります（図4-3）。興味深いことに，赤ち

II 子どもの発達理解

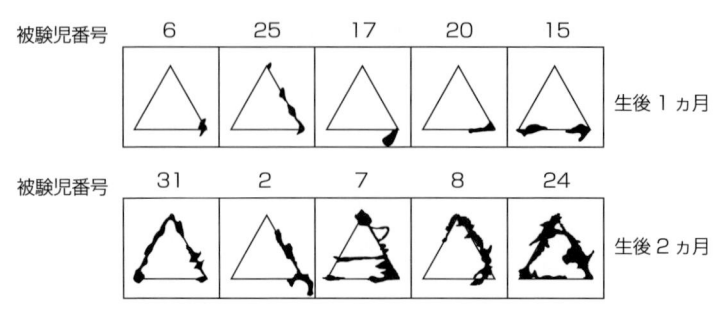

図4-3　生後1カ月児（上図）と生後2カ月児（下図）が図形を見るときの視線の動き

出所：Salapatek, P.（1975）Pattern perception in early in infancy. In L. B. Cohen and P. Salapatek（eds）, *Basic visual processes : Vol. 1, Infant perception : From sensation to cognition.* Academic Press. より改変。

ゃんが人間の顔に特異的に反応することがわかっています。図4-4はファンツ（Fantz, R. L.）の研究結果ですが，誕生間もない赤ん坊が顔図形により多く反応することが示されています。彼らは，しっかりと外界を区別して取り込んでいるのです。この後，3カ月頃には，顔の区別や表情の区別ができるようになります。

　感覚器のなかでも，聴覚機能は比較的早くから働いていて，およそ1カ月頃には音源の定位ができるようになります。これは，呼びかけられた時の視線の定位や振り返りなどと密接な関係をもっています。5カ月頃には，移動する音源と視覚像が統合されるようになります。口をぱくぱくさせている母親の声が，違う場所から聞こえてくると，乳児は不安な表情を示したりするようになるのです。言語の要素となる，音韻の識別や母音と子音の区別は，1カ月から4カ月頃に形成されるとされています。このような基本的な機能の組み合わせが子どもの発達をつくり出すことになるのです。

3 ｜社会的存在としての人へ

　乳児期に観察される刺激への反応の変化のなかには，たとえば3カ月スマイ

第 4 章　知覚・認知の発達

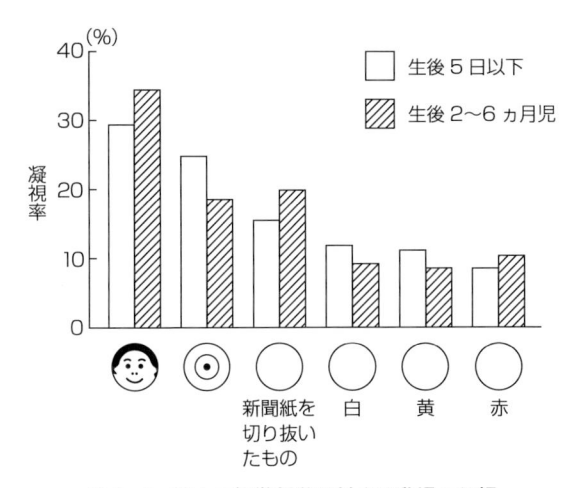

図 4-4　種々の視覚刺激に対する乳児の凝視
出所：河合優年（1992）知覚と運動の発達．高橋道子（編）胎児・乳児期の発達．金子書房，62．

ルと呼ばれるような不特定の人への反応から，8 カ月前後に観察される，知らない人が近づくと不安反応を起こすという，人見知り行動（8 カ月不安）への移行のように，自己と他者の関係性の認知的変化を反映しているものが見られます。刺激対象としての人の顔への反応が，関係によって変化し，異なる意味をもつようになるということこそが，動物としてのヒトが社会的存在としての人間へ変化していくことに他ならないのです。このような関係性の形成には，環境，とりわけ，養育者との相互作用が重要であるということになります。

　このような対人関係の基盤となる外界の認識機能が，乳児期の早い時期に機能していることが示されています。写真 4-2 は新生児が表情の模倣をしているところを示したものです。もちろん，第 5 章で述べるように，この月齢で喜怒哀楽のような心理的な意味を理解しているわけではありませんが，顔の表情を知覚しているだけでなく，それと同じ表情をつくり出す顔の筋肉の使い方を知っているということを意味しています。このような生得的機能を使った外界との調整機能は，社会的な存在としての人間にとって重要な働きであると言えます。

II　子どもの発達理解

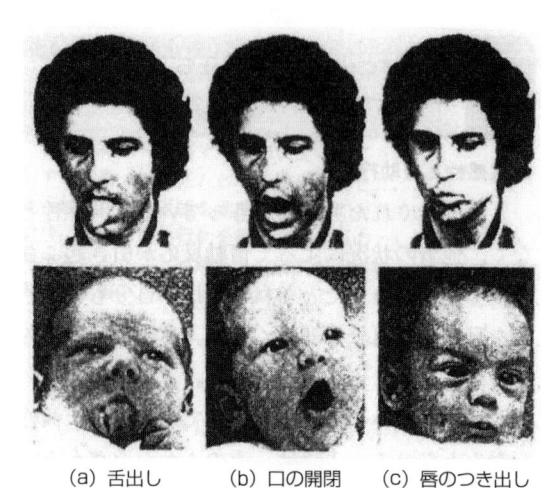

(a) 舌出し　(b) 口の開閉　(c) 唇のつき出し

写真 4-2　生後 2～3 週の新生児が示した顔の運動
出所：Meltzoff, A. N. & Moore, M. K. (1977) Imitation of facial and manual gestures by human neonates. *Science*, **198**, 75-78.

④ 幼児期の知覚・認知発達

　幼児期は，乳児期に培った基本的な関係性に基づいた高度な知的な活動が展開される時期と言えます。
　ここでは，幼児期の知覚の特徴についてまとめながら，それらがつくり出している幼児期に特有な思考の特徴についても考えてみます。

1 │ 幼児期に特有の知覚世界と認識

　誕生時に準備されていた感覚器を使って，乳児期には知覚が精緻化されていきました。幼児期になると，それらの機能を使って自分を取り巻いている世界のルールを取り込んでいきます。しかし，同時に幼児期に特徴的な知覚の枠組みがあることにも注意が必要です。たとえば，車のライトやバンパーを顔のようにとらえたりする相貌的知覚や，色聴（color hearing）と言われる視覚と聴覚が結びついた共感覚，外界を鏡に映したように逆位にとらえる，逆位知覚や

鏡映文字などの現象が見られます。また，幼児期の世界観の特徴として，動くものには意思があると考えるアニミズム（animism：物活論とも呼ばれる）や，自分が考えたことは実際に存在しているのだとする実念論（realism），世界のものはすべて人間がつくったのだとする人工論（artificialism）などがあげられます。雨が降ってくるのを見て，「今日はお空が泣いているね」などという言葉が出てきたりするのはこのような心性によるものと言えます。このような幼児が表現する言葉は，実際の知覚世界とは異なるものなので，肯定的に受け取らない保護者も見られますが，幼児期の子どもがもつこのような心性を理解していることによって，子どもとの接し方が変わってくるものと考えられます。

2 ものを憶えるということ

　知覚した対象を蓄えておく記憶機能も発達してきます。記憶は，刺激を記銘し，それを保持し，再生するという一連の働きですが，幼児期は，保持時間も短く，記憶は短時間で変容します。また，保持される情報は情緒体験と結びついており，部分的な記憶は悪く，全体としての記憶が優性になり，興味のある部分だけが記憶に残ったりします。近年の研究では，乳幼児の記憶が早くから機能しており，これらが認知発達を促しているということがわかってきています。生後2カ月頃には異なる知覚刺激をそれぞれ別のものとして区別して記憶することができるようになりますが，その期間は数日間であり，それらがより精緻化された姿になるのは，生後6カ月頃のようです。その頃になると，いくつかの刺激が提示された時に，最初に見たものをよく憶えているというような，大人の記憶システムに近いものが現われてくるようです。6カ月児が，顔を記憶していることを報告する研究もあります。バートリップ（Bartrip, J.）という研究者は，生後5週の赤ん坊が，口や鼻のような部分から母親の顔を認識し，区別していることを見いだしています。このことは，赤ん坊は私たちが想像する以上に早い時期から記憶力をもっており，それらを使って外界のルール（た

▷2　Bartrip, J. & Morton, J. (2001) Responses to mother's face in 3-week to 5-month-old infants. *British Journal of Developmental Psychology*, **19**, 219-232.

とえば，「この人はいつも私のそばにいる人だ」というようなものも含めて），を取り込んでいることを示唆しています。7カ月の子どもたちを対象にした研究では，2つの箱のどちらかにものを入れたあと，それをランダムに入れ替えても，どちらにものが入っているのかを当てることができることが示されています。

　この後，言語の発達や，指さしのような指示的な行動の獲得によって，子どもたちは，自分の記憶内容を他者と共有できる形で使えるようになるのです。しかし，幼児期の知覚特徴に示されているように，彼らの視点は必ずしも私たち大人のそれとは同じではありません。彼らは，自分の見ている世界がすべてであるというような，自分を中心とするとらえ方をしているのです。

　このような視点が，幼児がもつ，外界についての幼児特有のとらえ方をつくり出します。ピアジェは，このような幼児がもっているとらえ方を，自己中心性（ego centrism）と呼んでいます。自分の視点からのとらえ方の例として，次のような場面をあげることができます。カードの表に犬の写真を，裏に人の顔写真を貼り，両方に写真があることを子どもに確認させます。子どもに犬の側を見せて，裏に人の顔があることを示して，見せる面を逆にします。子どもには人の顔が見えています。では，実験者である私に見えている写真は何なのでしょうか。もちろん私たちには犬であることが簡単にわかります。しかし，幼児期の子どもには，実験者の側からの視点がとりにくく，このような課題がなかなか難しいのです。このような，他者の視点をとれないということが，対人関係や世界観・思考にも反映されてきます。歩行の獲得と言語の獲得によって子どもたちは，自由に自分の思うところに移動し，自分の意志を相手に伝えることができるようになります。これによって「私」という存在を強く主張し，第一反抗期と言われるような，養育者からすると，育てにくい子どもとして見えてしまうことが多くなります。同時に，ここで述べたような，自分を中心としての認知世界をもつことになるので，さらに子どもがわがままであるかのような姿に見えてしまうのです。保育者にとって，幼児期特有の認知世界についての知識が必要である理由はここにあるのです。

表4-2 ピアジェの発達段階に見る子どもの思考の特徴

感覚運動期 （0歳～2歳前後）	生得的に備わっている運動機能を，自分の意志による随意運動へと変えていく。音のする方に目を向けるような行動から，ほしい玩具があれば障害物を取り除いてでも取ろうとするような行動を経て，課題解決場面に直面しても頭のなかで筋道を立てて解決できるようになる。
前操作期 （2歳前後～ 7，8歳）	言葉や心的イメージを使えるようになる。目の前にないものを表すために，シンボル（積み木）を使って現実（自動車）に見立てることができるようになる。自己中心的コミュニケーション。保存の概念はまだ獲得されていない。
具体的操作期 （7，8歳～ 11，12歳）	具体物を扱う限りにおいては，論理的操作ができるようになる。様々な組み合わせを考えなければならない問題は難しい。保存の概念が獲得される。
形式的操作期 （11，12歳～）	仮説による論理的操作ができるようになる。抽象的で複雑な世界についての理解が進む。

注：保存の概念とは，対象の見た目が変化しても，そこに何かを加えたり減らしたりしていなければ本質的な数や量などは変化しないという概念のこと。

5 児童期から青年期にかけての認知発達

　児童期になると，個体発達と社会的制度としての教育が交互作用することになります。相互作用と書かずに，交互作用と書いたのは，理由があります。教育の働きかけは個体の可能性を引き出し，可能性の向上が教育の可能性を高めるという，単純な相互作用を越えた，時間的・力動的な変化をつくり出すからです。実は，このような交互作用は母子関係のなかにおいても生じているのですが，明確な目標をもつ教育の場合にはこれが顕著に現れると言えるのです。「今の自分があるのは，あの時のあの先生との出会いの結果です」などという声を聞くことがありますが，ある時の出会いが子どもの行動を変え，それが環境を変えるという，力動的な変化を生み出すということは，私たちの周りによく見られることではないでしょうか。ひょっとすると，これを読んでいるあなたも，どこかでこのような出会いがあったのかもしれません。

1│ピアジェの発達段階から見た児童期

　ピアジェは認知発達の段階を表4-2のように分け，それぞれの特徴を述べ

ています。これによると児童期は、具体的操作期と呼ばれています。机の上にあるクレヨンを具体的操作期の子どもと前操作期の子どもが数えた場合を比較するとその違いがよくわかります。

　前操作期の子どもは、クレヨンに触れながら「1，2，3……」と声に出しながらしか数えることができないのに対し、具体的操作期の子どもは、見ただけで、口に出さずに数えることができるのです。このことから、具体的操作期の子どもが、自分の具体的行為から離れても物事を考えられることがうかがえます。また、自分の頭のなかで、物事を論理的に思考できるようになります。たとえば、AはBより大きく（A＞B），同時にBはCより大きい（B＞C）とき、AはCより大きい（A＞C），というような推論ができるようになるのです。お父さん、お母さん、子どもというように、大きさが異なる人形と長さが異なるステッキを子どもに見せ、「人形の大きさにあったステッキはどれでしょう。それぞれの人形はどのステッキをもって歩けばよいと思いますか」と子どもに尋ねると、この時期の子どもは、人形とステッキを大きさの順にそれぞれ並べ、順に対応づけることができることができるのです。2つ以上の系列を同時に組み合わせることができるようになるのはこの時期からであるとされています。

　このような抽象的な思考を支えているのは、記憶や語彙の発達ということになります。言語については第6章において述べますので、ここでは記憶について簡単に述べておくことにします。記憶の能力を示す指標に、メモリースパンがあります。これは一時的に情報を蓄えておくことができる容量と考えられますが、たとえば児童期の初期には順番に示された4つの数字をかろうじて覚えていることができるのですが、後期には7つくらいの数字を順番に記憶して再生することができるようになります。大人のメモリースパンが、7±2と言われることから考えると、この時期にほぼ大人と同じ記憶能力を有するようになると考えられます。これらが、子どもの思考を変化させることになります。

2 | 自己中心性からの脱却

　児童期の子どもは，刺激対象の見かけに左右される行動ではなく，与えられた課題の非本質的な情報を捨象し，本質的な情報を取り出すことによって，抽象的な思考が可能となります。幼児にとって，「お母さん」は自分のお母さんを意味しますが，児童期では「お母さん」は自分のお母さんを意味すると同時に，友達の「お母さん」を意味することを理解しています。これは，一般的な意味での概念理解ということになります。しかし，児童期前期の子どもたちは，このような抽象的な思考と具体的な思考との間での特徴的な反応を示すことがあります。たとえば，「犬は猫よりも大きく，猫はゾウよりも大きいとき，犬とゾウを比べるとどちらが大きいでしょうか」というような課題では，混乱が起きてしまうのです。具体的であるという意味は，思考が現実的属性や物理的属性，具体的状況から自由になっていないということを意味しているのです。

　しかし，この段階において大きく変化する特徴があります。それは自己中心性からの脱却という現象です。児童期には幼児期に見られた自己中心性が減少し，主観と客観が分離します。このことによって因果関係の理解や偶然と必然が理解されるようになるのです。これは，人間社会のルール理解の基盤となる関係性理解そのものでもあります。このような現象を，脱中心化と呼びます。対象を見ている自分から離れて，対象そのものを客観的にとらえることができるようになるのです。児童期の社会的活動の変化には，このような脱中心化の働きが反映されていると言えます。

　児童期に続く青年期は，知的発達が著しい時期でもあります。WISCの創始者として知られているウェクスラー（Wechsler, D.）が，1944年に知能の発達曲線なるものをつくっています。これによると，知能のピークは20歳過ぎにあり，その後なだらかに低下していくとされています。もちろん知能は，広義の社会的な判断や知識ではなく，記憶能力や抽象的思考能力に関するものを測定

▷3　WISCは児童期の知能検査の1つであり，言語性・動作性の2領域の知能を検査するものである．

しているのですが、その意味でのピークは青年期にあると言えそうです。ピアジェの研究では、11、12歳を転機に、思考は知覚的・具体的なものから抽象的なものへと変化していきます。ピアジェはこの時期を形式的操作の段階として、発達の完成の時期としています。具体的操作期の段階でもかなり論理的思考が進んでいますが、この時期には、仮説によって推論ができるようになります。いくつかの条件を組み合わせて、それらを組織的に変化させ仮説を吟味することが可能になるのです。

たとえば、振り子の振動数を規定する要因は何かを子どもに発見させるため、長さの異なるひも、重さの異なる重りを子どもに与えて実験させるという課題を設定した場合を考えてみてください。具体的操作期の子どもは、ひもの長さと重りの重さを組織的に変化させるということが困難です（両方を同時に変えながら振り子の速さを比較したりするので条件を絞り込めない）。これに対して、形式的操作期の子どもは、「ひもの長さが変化すると振り子の速さが変化する」だとか、「重りの重さが変わると振り子の速さが変わる」というような仮説を立てその仮説を検証するために、1つの条件（重りの重さあるいはひもの長さ）だけを変化させ、それ以外を一定にしておいて、順に振り子の速さを比較することができるようになるのです。

このような仮説演繹的な推論は、子どもの考えを、実際のものから抽象的なものの操作へと変えるだけでなく、抽象的なものの関係を具体的なものに応用できるという、一般的な問題解決力にもつながるのです。ですから、この段階の子どもは、言葉などによって定義されるような抽象的なものについても考えることができるようになるのです。このように、青年は大人の思考能力を獲得するわけですが、論理の飛躍や一面性、過激性、観念性などの、青年期特有の特徴もまた有しています。この背景には、第5章に述べられているような、児童期から成人期への移行期としての感情の問題があるものと思われます。青年期の思考様式は、情緒的・感情的な側面と密接に関係しているのです。そして、このような思考の発達は、青年期特有の、自己と向き合うという、社会性の発達へとつながっているのです。

第4章　知覚・認知の発達

> **本章のまとめ**
>
> 　外界の情報は感覚器官を通して取り込まれます。これら外界の情報が自分の運動や働きかけに応じて変化するという，アクションとそれに対する外界からのリアクションがつくり出す相互作用が，子どもの発達をつくり出すのです。子どもの働きかけにどのように応えるのかを考えることが保育現場では重要になります。

第 5 章
感情の発達

ポイント
1 感情の心理学的意味を理解する。
2 感情表出と理解の発達的変化を理解する。
3 人と人とのコミュニケーションの道具としての感情の働きを理解する。

　子どもにとって泣くという行動は，不快な状況であることを伝えるもっとも効率的な方法です。彼らはこのことをよく知っていて，ある意味では効果的にこの方法を使っています。興味深いことに，このような不快な表情や楽しげな表情は万国共通で，どこの国の子どもを見ても私たちはその意味を理解することができます。このことは，感情の表出と理解が生得的に準備されているものであることを示唆しています。

　ここでは，これまでの各章で見てきた外界に対する働きかけと外界を取り込む働きを下位の要素とする行動システムに，感情が加わることによって，子どもたちが獲得する，他者とのコミュニケーションについて述べていくことにします。

1　感情とは

1│こころの状態を表す言葉

　心理学のテキストを見てみると，快や不快を表す言葉として，情動という言葉が出てきます。しかし，情動という言葉は，普段の生活のなかではあまり使われず，喜怒哀楽を示すものとしては，感情という言葉が多く用いられます。感情の起伏が激しい，という表現はありますが，情動の起伏が激しいとは言い

ません。また，園や保育室の全体的な様子を示すときには，雰囲気などという言葉が用いられたりします。保育場面を見てみると，保育者が子どもたち同士の関係性を調整するような時には，「○○ちゃんの気持ちを考えてみて」「うれしいかなあ，かなしいかなあ」というように，嬉しさや悲しさ，思いやりや優しさ，悔しさなどを言葉に込めて使うことが多いのではないでしょうか。いずれにしろ，子ども理解において，彼らの内面の思いを知ることは必須の事柄であることには違いがありません。感情の発達について見ていく前に，まずこれらの言葉について少し整理しておきたいと思います。

　内面を表す喜怒哀楽などの用語は，普段の保育場面においても子どもの状態を記述する言葉として用いられますが，これらは「感情」や「情動」などと呼ばれます。これらの用語については，研究者や考え方によって定義が様々であり，用語の使い方が統一されているわけではありません。本章では，もっとも広く使われていて，わかりやすいということから，喜び，怒り，苦しみ，悲しみ，恐れ，誇り，恥など，子どもの内面を表す状態を総称して，「感情」とすることにします。

　感情という言葉は，上述したように，誰もがイメージしやすく，保育場面での子どもの状態を想像しやすいので，普段の姿を思い起こしながら読み進んでみてください。保育場面では子どもの様々な感情に直面することになりますので，感情の表出機構や読み取りについて理解することが，実践活動においても重要なのです。

　子どもの快と不快の状態を示す言葉としては，感情以外にも「気分」や「情操」というような言葉があります。気分は，比較的弱い，持続的な快－不快の状態を示す用語で，そのような状態を引き起こしている対象が不明瞭な点に特徴があります。ですから，なんだかぐずぐずしている状況は，感情の表出とは異なる状態であると言えます。情操については，保育においても情操教育が重要であるとも言われますが，真理へのあこがれ，不正に対する憤りなどで，やはり感情とは異なるものとなります。情操は知的感情と言われ，学習経験によるところが大きく，環境によって変化していくものと考えられます。

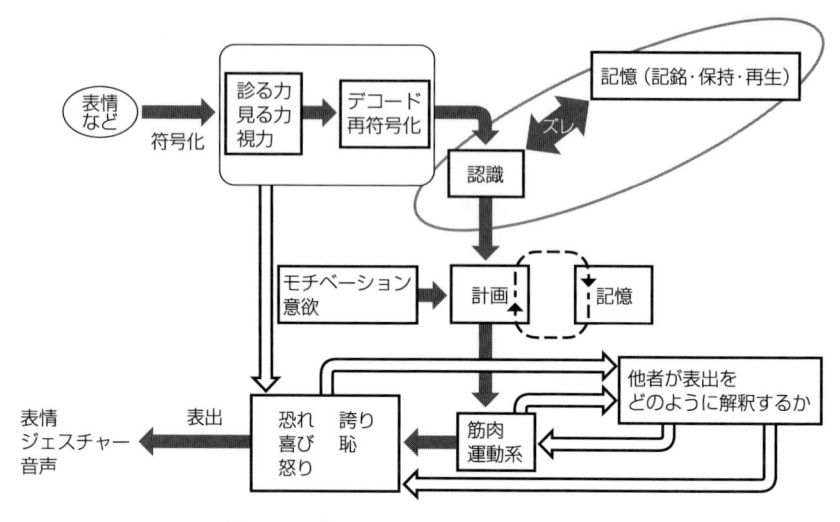

図5-1　感情の理解と表出の過程の模式図

2　感情表出と理解の機構

　幼児期における感情は，外界との相互作用の重要なコミュニケーション・チャンネルとなります。図5-1は，感情の理解と表出の過程を模式図的に示したものです。私たちは，対象が発信する快‐不快に対応して符号化された信号を受け取り，それを自分のもっている内的なコードに置き換えます。それらは，自分のなかに記憶されている情報と照合され，その意味を理解し，それに対してどのような行動を取るのかが計画されます。計画された行動は，言語や表情，ジェスチャーのような形で符号化され，相手に伝えられることになります。そしてこれら一連の行動パターンがひとまとまりのものとして記憶情報のなかに蓄えられていくことになるのです。このような感情理解と表出のパターンは文化によって異なるとされています。
　この章で見ていくように，生得的に準備された，微笑みや泣きの感情の表出行動パターンは，環境との相互作用のなかでこれらの回路の精緻化を通じて，

生理的なものから，恥ずかしさや誇りのような社会的なものに変化していくのです。

3 │ 感情理解の難しさ

このような感情の形成過程のなかにおいて，乳幼児期の感情研究はとりわけ困難です。それは，感情が子どもにとっても主観的なものであるだけでなく，観察する側にとっても，子どものなかで起きている，「刺激の認知→それに伴う快－不快の感じのような内的動揺→その刺激に対する接近または回避行動」という一連の過程の，どの時点で感情の表出をとらえるのかが難しいためです。このため，発達初期における感情研究では，これらが統合された最終的な表情や音声が用いられることになるのです。

1950年代にすでに大脇により示されているように，ウッドワース（Woodworth, R. S.）は，表出される感情を，①愛情・幸福，②驚き，③恐れ・苦しみ，④怒り・決意，⑤嫌悪，⑥軽蔑，に区別し，同一カテゴリーや隣接しているカテゴリー間の区別の混同は起こりやすいが，カテゴリーを越えた混同は少ないとしています。[1] これらは文化を越えた共通性があるとされており，子どもの内的な状態を研究する上でも重要な指標となっています。

トムキンス（Tomkins, S. S.）によると，主要な感情表出のパターンは生得的なもので，多くの動物に共通性があると考えられています。[2] 図5-2は犬の表情ですが，どの犬に近づいてはいけないのかということは，直感的に理解できます。怒りの表情を見間違うことはあまり考えられないので，幼児も，このような他者の表情を判断していると考えられます。

イザード（Izard, C. E.）やエクマン（Ekman, P.）の比較文化研究では，表情から他者の感情を推測した時の回答の一致率は，文化を問わず高かったことが

▷1　大脇義一（1954）情緒感情論．日本応用心理学会（編）心理学講座・第6巻（情意心理）．中山書店, 3-48.

▷2　Tomkins, S. S. (1981) The quest for primary motives : Biography and autobiography of an idea. *Jornal of Personality and Social Psychology*, **41**, 306-329.

II 子どもの発達理解

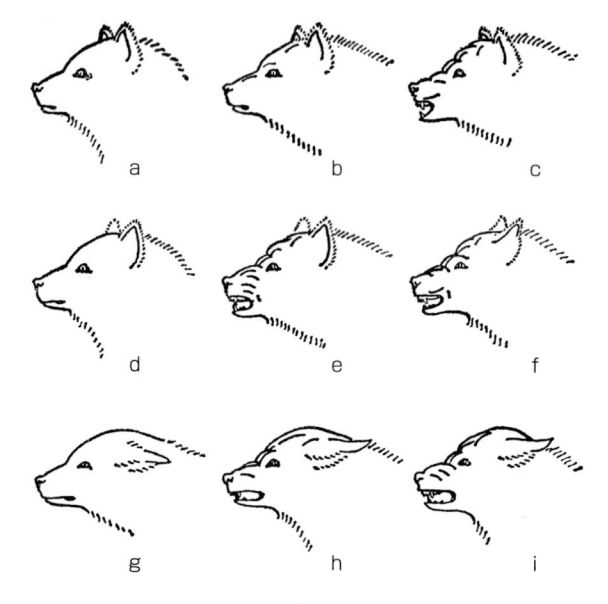

図5-2 犬の表情変化
出所：アイブル・アイベスフェルト, I., 日髙敏隆・久保和彦（訳）(1974)
愛と憎しみ I. みすず書房, 64.

明らかにされています。[3] 快と不快に関する内的な機構は，どうやら多くの動物に共通なようです。このような動物としてもっている感情表出の機構を使って，私たち人間が，社会をつくり出しているということです。ヒトは生得的にもっている知覚機能と表情などの表出機構を組み合わせることによって，人間社会の一員になっていくのです。

▶3　Ekman, P., Friesen, W. V., O'Sullivan, M., Diacoyanni-Tarlatzis, I., Krause, R., Pitcacairn, T., Scherer, K., Chan, A., Heider, K., LeCompte, W. A., Ricci-Bitti, P. E., Tomita, M., & Tzavaras, A. (1987) Universals and cultureal differences in the judgments of facial expressions of emotion. *Journal of Personality and Social Psychology*, **53**, 712-717.

2 新生児・乳児期の感情表出と理解

1 感情の表出

　感情の表出機構が発達の早い時期から機能していると述べましたが，第4章で述べたように，メルツォフ（Meltzoff, A. N.）らの研究結果では，生後数週間の赤ん坊が表情の模倣をすることが示されています。ヤング－ブラウン（Young-Brown, G.）らの研究においても，生後3カ月の乳児が幸せの顔と驚きの顔，悲しみの顔を区別していることが報告されています。[4]もちろん，赤ん坊が知覚している表情と，私たちが体験している感情内容とが一致しているかどうかはわかりませんが，外の世界を取り入れる機能や表情をつくり出す機能は乳児期の早い段階で機能しているようです。

　このような感情の基本的な発達過程を示したものが，1世紀ほど前にすでに出されています。図5-3は，1932年に報告された感情の樹形図です。快と不快という基本的な状態が，社会的な経験のなかで分化していく様子が示されています。今日においてもその順序性は変わっていません。人間がもつ生得的な機能は，長い進化のなかで形成されたものなので，時代を超えた安定性があると言えるのです。

2 コミュニケーションの道具としての感情

　生後数週間で，赤ん坊は泣きながら周囲を見るという行動ができるとされています。このような行動を通じて，自分の泣きという行動が，環境にある養育者の授乳やあやしの行動と結びついていることを学習していくことになります。エインズワース（Ainsworth, M. D. S.）らは，養育者と赤ん坊をつなぐ要因は，子どもが発信する信号に対する養育者の感受性にあるとしています。[5]彼女らの

▶ 4　Young-Brown, G., Rosenfeld, H. M. & Horowitz, F. D. (1977) Infant discrimination of facial expressions. *Child Development*, 48, 555-562.

II 子どもの発達理解

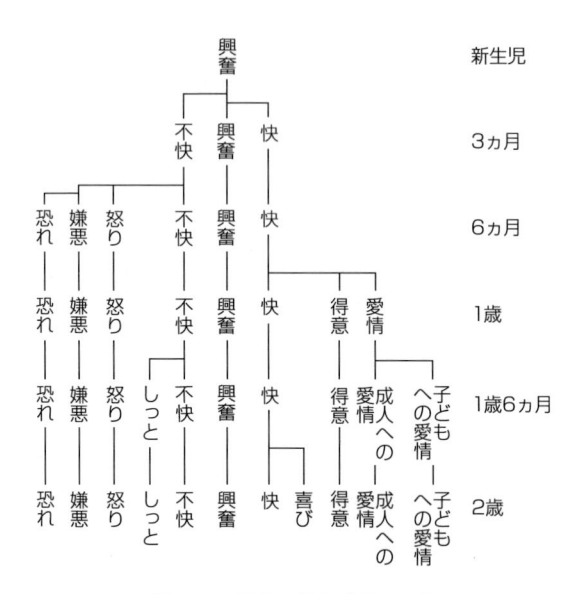

```
                          興奮                          新生児
                       ┌───┼───┐
                      不快 興奮 快                       3ヵ月
                   ┌──┬─┼──┐ │
                  恐 嫌 怒 不 興 快                       6ヵ月
                  れ 悪 り 快 奮
                  │ │ │ │ ┌┼──┬──┐
                  恐 嫌 怒 不 興 快 得 愛                 1歳
                  れ 悪 り 快 奮   意 情
                                      ┌──┴──┐
                  │ │ │ │ │ │ │ 成人 子ども
                  │ │ │ しっ 不 興 快 得 への への       1歳6ヵ月
                  恐 嫌 怒 と  快 奮   意 愛情 愛情
                                         ┌──┴──┐
                                        成人  子ども
                  恐 嫌 怒 しっ 不 興 快 喜 得 への  への  2歳
                  れ 悪 り と  快 奮   び 意 愛情 愛情
```

図5-3 発達に伴う感情の分化
出所：小嶋秀夫・三宅和夫（編著）(1998) 発達心理学. 放送大学教育振興会, 73. (原図は Bridges, K. M. B. (1932) Emotional development in early years. *Child Development*, 3, 324-341.)

研究によると，赤ん坊の泣きに対して適切な応答をしていると自己評価した母親の子どもには，9ヵ月時点で泣きが少なく，肯定的な表情表出が多く，社会的な相互作用が円滑に行えるなどの特徴が見いだされています。

言語によって意志を表現できない乳児にとって，養育者とのコミュニケーションのチャンネルは限られたものになってきます。それらは，表情，音声，身体の緊張などということになります。注意深く子どもを見てみると，何らかの刺激によって恐れの感情をもつと彼らは，眉の間を寄せて眉全体をもち上げ，目を見開き，口角を水平後方に引く動作をします。身体は緊張し，動きが抑制され，泣き声がそれに伴うことになります。これに対して，快の状況では，口角は斜め後方に引き上げられ，頬がもち上げられます。これに伴って，下まぶたが押し上げられ，目が細くなります。多くの場合，緊張がとけリラックスし

▷ 5　Ainsworth, M. D. S., Blehar, M., Waters, E. & Wall, S. (1978) *Patterns of attachment*. Erlbaum.

表5-1 誕生から1歳までの母子間の交流

月　数	子ども	母　親
誕生～1カ月	自発的微笑	誕生に伴う絆の形成 赤ん坊の応答性への気づき
1カ月半～3カ月	社会的微笑 抱かれる 環境が応答的であることを知る	身体的関係性を通じた情動の交換
3カ月～6カ月	表情など泣き以外の情動表出が始まる	一方的な働きかけが減少 育児の効力感
6カ月～1歳	人見知りに見られる他者との相互作用の変化 表情などの情報理解が進む	情動を介した相互作用が増す 赤ん坊との相互作用とそれに伴う怒りや喜びの感情 言語を介した相互作用への移行

出所：高橋惠子・河合優年・仲真紀子（編）（2007）感情の心理学．放送大学教育振興会, 54.

た状態となります。発声は恐れのような泣きではなく，笑い声やゆるやかな「アウアウ」というようなクーイング音となります。乳児の快と不快の感情表出は，外界とのコミュニケーションの重要な指標にもなっています。もっともよく知られているのは，3カ月スマイルと8カ月不安でしょう。他者との関係性の形成が，感情の表出との関係のなかで進むのです（表5-1）。

3 感情の理解

表情は発達初期のコミュニケーションをつくり出す重要な要素であることについて述べましたが，コミュニケーションは，発信と受信がつくり出す情報の共有と定義することもできます。乳児が他者の表情を理解する過程はこの受信側の働きということになります。ケルトナー（Keltner, D.）らは，表情が果たす働きの1つとして，それを受け取る子どもに対する社会的推論のための情報提供機能をあげています。視覚的断崖実験として知られている実験があります。

▷ 6　Keltner, D., Ekman, P., Gonzaga, G. C. & Beer, J.（2003）Facial expression of emotion. In R. J. Davidson, K. R. Scherer, & H. Goldsmith（eds.）, *Handbook of affective sciences*. Oxford University Press, 415-432.

II 子どもの発達理解

表5-2 乳児の移動能力と表情の読み取り（母親の表情に対する子どもの表情）

乳児の表情 母親の表情	移動能力を獲得した乳児			移動能力を獲得する前の乳児		
	無表情	スマイル	真剣な顔	無表情	スマイル	真剣な顔
楽しい顔	3	5	0	3	2	3
恐怖の顔	2	0	6	4	1	3

出所：Bertenthal, B. I., Campos, J. J. & Barrett, K. C. (1984) Self-produced locomotion: An organizer of Emotional, cognitive, and social development in infancy, In R. N. Emde & R. J. Harmon (eds.), *Continuities and discontinuities in development*. Plenum Press. 175-210. より筆者作成。

　これは，ハイハイを始めたばかりの乳児を，切り立った断崖のように見える床の端において，その断崖に向って前に進むかどうかを見るものです。もちろん転落するといけないので，断崖部分にはガラスが張ってあり，その上をハイハイすることになるのですが，奥行きを知覚していれば落ちることを恐れて移動しないことが期待されます。知覚機能についての実験であれば，これで乳児の知覚機能が確かめられるのですが，このとき，ガラスの床を挟んで，子どもと反対側に母親がいて乳児に向かって何らかの表情をするという条件を加えます。興味深いことに，母親が恐れの表情をすると子どもは断崖に向かって進もうとせず，母親が微笑むと実に，74％の子どもが母親の方に来ようと断崖に向かって進んだのです。このことは，乳児が母親の表情を知覚していると同時に，それに同調し，同じ気分になることを示しています。

　このことは，行動を起こしてよいのか悪いのか曖昧な場面での行動を起こさせるきっかけとして，他者の表情が使われていることを示しています。このような複雑な判断が乳児期に開始されているのです。

　感情の判断が他の機能と結びついていることもわかってきています。表5-2は，乳児がハイハイをするようになる前と後で，見知らぬ人に対して見せている母親の表情に対して，彼らがどのような表情をしたかを示したものです。能動的に移動できるようになることで，母親の表情の読み取りが高くなっていることがわかります。母親の表情を参照して，見知らぬ人が安全であるのか注意するべきであるのかを判断していると考えられるのです。

　このような移動能力と感情の理解の関係には，実は母親の要因も含まれてい

ます。ツムバーレン（Zumbahlen, M.）らの研究では，移動能力が獲得される前の乳児の母親は，子どもに対して怒りや恐れの表情をあまり見せないことが見いだされています。[7]この表情は，子どもが移動能力を獲得するとがぜん多くなります。これは，子どもを危険から回避させたり禁止させたりするための情報として子どもに状況情報と一緒に与えられることになるのです。このことが，母子間の感情的なつながりをつくり出し，社会性を高めることにつながっていたのです。表情の表出と読み取りは，子どもの他の機能とも密接に関係しているのです。この点からも，感情の表出を，感情の単独の機能としてのみとらえるのではなく，それらを可能にしている他の機能との関係で見ることが大切であることがわかります。

3　幼児期の感情

1　社会的文脈のなかでの感情

　新生児期から乳児期までのおよそ1年間の間に獲得された，感情の理解と表出の機能を使って，幼児期にはさらに高度な人とのやりとりが展開されます。
　たとえば，本章 2 3 「感情の理解」で述べた，自分の行動を制御するために母親の表情を手がかりとするという行動は，母親と話している知らない人に対して自分がどのように行動すればよいのかという時の情報源として使われるようになります。このことによって，子どもたちは，自分の知らない大人にどのように対応すればよいかという情報を得ることができるようになるのです。表情がもつ社会的な意味を理解すると同時に，表出される表情もその使い方が文脈によって異なってくるようになります。乳児期に見られた快刺激に対する反応としての笑いは，幼児期になると，「楽しさ」「あざけり」「きまりの悪さ」など，社会的な文脈のなかで使いわけられるようになっていきます。

▷7　Zumbahlen, M. & Crawley, A.（1996）Infants' early referential behavior in prohibition context: The emergence of social referencing? Paper presented at the meetings of the ICIS.

II 子どもの発達理解

　感情の表出と理解が，大人だけでなく友達などとの対人的コミュニケーションの道具として使われるようになるのです。その意味では，言語の前の言語としての感情の機能は重要であると考えられます。[8]感情が言語のように，自分の内面を伝える道具として使われている可能性があることは，幼児の感情表出が比較的短時間で，急に始まり急におさまることや，表れ方が激しく，今泣いた子どもがもう笑ったというように，両極的な反応の変化が見られること，感情の表出が高頻度であること，顔で笑って心で泣くというような二面性がなく表情から内面がわかりやすい，というようなことからも推測できるのではないでしょうか。

　このような感情表出の変化がもつもう1つの意味は，当初は空腹や排せつなど基本的欲求の充足と阻止の過程を中心に発現していた感情が，社会的承認などの欲求と関係してくるようになることです。保育者にとって幼児期の感情理解が難しいのは，このような他者との比較がつくり出す感情が出現してくるからなのです。子どもには子どもの誇りや恥の感情がありそうです。プライドを傷つけられた子どもはかたくなになります。子どもとの関係性はなかなか難しくなってくるのです。

2 ｜ 感情の分化

　幼児期の主な感情表出について簡単に見ておくことにしましょう。誕生時に準備されていた不快の感情表出は，対象をもった怒り，恐れ，嫉妬に分化していきます。

　怒りは欲求が阻止されたときに，欲求の充足を妨害する対象に向けられます。持続時間は短く，表出には個人差があります。このような初期の感情の表出方法とそれに対する環境からの働きかけは，後の欲求不満への耐性や感情の自己統制力の形成にも関係してきます。すべての怒りの爆発を禁止するのではなく，欲求の充足の仕方や自己沈静化の方法を学習させることも大切であると思われ

▷8　第6章 **2**「前言語的コミュニケーション」(p. 79) も参照。

ます。

　嫉妬は自我意識の高まる3～4歳と青年前期（12～16歳前後）によく見られます。これは、幼児が、歩行や言語の獲得によって能動的に活動できるようになることや、自己と他者の関係理解が進み、相対的に自分を位置づけられるようになることと関係しています。このような自立は、青年期の特徴でもあります。嫉妬は、自分に向けられていた愛情が喪失する恐れのある場合に生じ、その対象は人に限られています。ですから、子どもが愛情を抱いている人物が、他の子どもに向けた行動が、嫉妬を引き起こす刺激となります。対象は、愛情を奪うかもしれない子どもで、その子どもに向けた攻撃的な行動や、自分自身の退行行動などの形で現れてきます。

　恐れの感情表出も3～4歳頃に多く見られます。突然予期しない刺激や、見慣れない刺激が与えられた時に、幼児がそれに対して適切な対応をすることができないときに、恐れが生じます。恐れは、3歳頃にはその対象がもっとも多くなり、その現れ方も強くなります。ですから、幼児期はちょっとしたことにも怖いを連発することが多くなるのです。保育者は、このような感情表出に過剰に反応することがありますが、恐れは危険の予告信号としても意味があるので、適切に対応することが大切になります。

　快の感情表出である喜びは、欲求の充足に伴う、表情、ジェスチャー、音声を伴う全身の反応としてとらえられます。恐れが、身体の活動をおさえ、視線を下げ、声を抑えるという行動に代表されるのと対照的な表出になります。幼児期の間は、身体的な活動を含めたこのような直接的な表現が中心となります。

3 ｜ 感情の読み取り

　幼児期後期の4～5歳になると、さらに複雑な感情の読み取りができるようになります。この年齢になると、子どもたちは仮想的な状況において人が一般的にどのように行動し、どのように感じ、どのように考えるのかを抽象的に扱えるようになります。ある子どもがおもちゃをもらったり、なくしたりした場合に、その子どもがどのように感じているのか、どのような感情をもち、それ

はどうしてなのか，ということを，幼児に尋ねた研究があります。[9]その結果を見ると，3歳児でも喜びと悲しみの感情を，適切な理由をあげて説明できることが示されています。しかし，同じ不快感情である，怒りと悲しみでは異なる結果が得られています。ある子どもが，意地悪をされておもちゃを取り上げられた場合にどのような感情が見られるかを聞いてみると，6歳児では，悲しみではなく怒りを感じているだろうと答えるのに対して，3歳ではそれらが区別されていなかったのです。どうやら6歳前後に，自分を取り巻く環境がもつ感情表出のルールを知るようです。何歳くらいがその分かれ目なのかが気になるところです。レヴィン（Levine, L. J.）は，5歳の子どもに，意図的な妨害によって自分がやりたいことができなかった場合に，どのような感情が出てくるのかについて聞いています。[10]その結果，5歳の子どもたちは，妨害の有無ではなく修復可能性についての判断が重要なようで，目標の修復が可能な場合には怒りが，目標の修復が不可能な場合には悲しみが生じると答えています。このことは，怒りを表出することが状況によって変わるのだという，社会的な学習が幼児期のこの頃に起きていることを示しています。

後悔や，快と不快の両方を含むような，より複雑な感情の理解はもっと後の年齢になるようです。

4 児童期から青年期にかけての感情

1 感情表出と理解の完成に向けて

乳児期に準備された感情の理解と表出の機構を使って，子どもたちは自分と他者の関係を，快と不快という文脈のなかで整理していきます。自分にとって

▷9 Stein, N. L. & Levine, L. J. (1989) The causal organization of emotional knowledge: A developmental study. *Cognition and Emotion*, **3**, 343-378.
▷10 Levine, L. J. (1995) Young children's understanding of the causes of anger and sadness. *Child Development*, **66**, 697-709.

快となる刺激には近づき，不快となる刺激は回避しようとします。また，自分のどのような行動が社会から受容され，快刺激を与えられるのか，不快刺激を与えられるのかで，感情表出の方法を状況に応じて使い分けるようになってきます。

　児童期になると，想像の対象や，超自然的なもの，直接経験していないものへの恐れが増えてきます。知的能力の発達に伴い，直接経験できなくても，知識としてその存在が確認できるようなものに，恐れの対象は広がっていきます。また，近年では，テレビやインターネットなどのメディアを介した，間接的な体験であるものの，具体的にその存在をイメージできるような情報がつくり出す恐れも多くなってきています。

　感情の表出も，乳幼児が直接観察できるような行動で恐れの感情を表現するのに対して，児童期では，泣き叫ぶというような外から見えるような行動は少なくなり，尻込みや無視のような形で表出されるようになります。このような感情の抑制は，感情の統制が可能になったということと同時に，社会がつくっているルールとしての行動規範が習得されたことにもよっているのです。このような学習の過程では，子どもにとって重要な人の行動がモデルとなり，そのモデルに従って感情の表出方法を習得するようになると考えられます。

　感情の表出と理解の機構を理解するためには，これまでの章で述べてきたように，機能の連関についての洞察が必要となります。能動的な子どもの活動と，記憶力などの認知能力の高まり，運動機能の発達を伴う活動範囲の拡大など，様々な要因が，対人関係において潤滑油的な働きをする，感情の表出をつくり出すのです。

2 ｜ 青年期の感情

　青年期になると，これらの潤滑油を使った円滑な社会的活動が展開されるようになります。自我の発達により，青年期における感情の表出もまた，それまでに比べると激しいものとなります。お箸がこけてもおかしいという言葉がありますが，自我の高揚や自己主張や，社会の一員として期待される姿への圧力

が，青年の感情の不安定性をつくり出しているのかもしれません。倫理的，道徳的な価値を求めるようになるのもこの頃です。不安，孤独感，劣等感，幸福感など，価値的で象徴化された感情が形成されることになります。このことがまた，青年期特有の境界人としての行動とも関係しているのでしょう。青年期は疾風怒涛の時代という表現がなされますが，新生児期に準備された興奮と沈静という二値状態であった感情は，青年期に自己と社会という関係性のなかで，成熟することになるのです。

このように，感情は，自己と他者との間に存在し，内面についての情報を発信，受信しながら，子どもを取り巻く世界がもつ枠組みを彼らに伝えていくのです。近年，ほめることが大切であるということが強調されていますが，快と不快のバランスが感情の進化と発達をつくり出してきたということを考えると，ほめる時はほめ，しかる時はしかるという，毅然とした，一貫したルールの提示が子どもの成長をつくり出すのではないかと考えます。

本章のまとめ

生得的特性としてもっている感情表出の機構と理解を通じて，子どもたちは，自己の内面を他者に伝えるとともに，他者の内面を理解するようになります。移動能力の獲得と母親の表情理解の関係など，それぞれの機能連関を含めて，子どもの発達過程を理解することが重要でしょう。

第 6 章

言語の発達

ポイント

1 前言語的コミュニケーションのなかでやりとりの型ができていく様子を学ぶ。
2 言葉の習得における「言語獲得支援システム」の重要性を理解する。
3 言葉の獲得によって社会的なこころが発達していく様子を学ぶ。

1 コミュニケーションと言語

1 言語と非言語的コミュニケーション

　私たちは，毎日，大量の情報の流れのなかで暮らしています。コミュニケーションとは，語源が「交換をする」であるように，その流れのなかから必要な情報を選び出して交換することを指します。コミュニケーションには，広告や信号機やネオンサイン，脳内神経物質の伝達，さらに，動物の鳴き声やフェロモンも含まれます。しかしながら，人と人とのコミュニケーションは，考え・知識，感情や経験を交換する意図的な相互影響作用であり，言語という体系的な伝達システムを用いる点で，それらとは大きく異なっています。
　コミュニケーションは，言語的コミュニケーションと，表情・ジェスチャー・身体表現，声の抑揚，身体距離などの非言語的コミュニケーション（non-verbal communication：NVC）に分けられます。NVCは，対人的コミュニケーションの3分の2を占めると言われています。しかし，NVCで伝えられる情報の範囲は，対面者間とその瞬間に限定され，その場にいない人への伝達，記憶や記録を残すことは困難です。したがって，私たちの祖先が複雑な社会集団のなかで生活をするようになり，個人を超えた詳細で普遍的な大量の情報の

伝達と貯蔵が必要になったことで，進化のなかで言語が誕生をしたと考えられます。換言すれば，言語の出現によって，自他と時空を超えて情報を保持することが可能になったと言えます。

2 約束事としての言語

一般に，言語はその社会の約束の体系から構成されています。この約束とは，ある意味・物事をある言葉で表すことにするというものです。ただし，意味と言葉とは，日本語の"犬"を英語ではdog，ドイツ語ではHund，フランス語ではChienと異なる言葉で表すように，その社会の約束に依存しています。同様に，犬を「シロ」「タロー」「オトウサン」と呼ぶことも可能です。マンマやブーブー，クックなどの「赤ちゃんことば」は，その好例で，親子間での合意があれば，どのような呼び方も可能です。たとえば，母親の呼称には，ママ，マミー，アータン，カータン，カーチャン，カーカー，オカンなど様々な言葉が使われます。

しかし，「人は言語システムの中に生れてくる」[1]のであり，言語の獲得とは，自分が属する社会が継承してきた体系をそのまま受け取ることです。換言すれば，その社会で歴史的に継承されてきた文化遺産の親から子への世代間伝達です。したがって，意味と言葉の結びつきは必ずしも任意ではありません。赤ちゃんことばは，次第に，誰にでも伝わる言葉に置き換えられなければなりません。つまり，その社会一般の約束を知ることが言語の獲得だと言えます。

しかし，言語の獲得とは，単に語彙を獲得することだけでありません。絵本の「ワンワン」と実物の「ワンワン」を同意味だと見なせなくてはならないように，また，多種多様な犬を"犬"として同定できなければならないように，語彙のまとまりが示唆する「概念」を獲得することだとも言えます。

したがって，言語をもつことは，その社会の約束事に従って，周囲の情報を取り込み，共通の言葉，概念によって自分の考えを他者と共有するとともに，

▷1 ソシュール，F. d., 影浦 峡・田中久美子（訳）（2007）ソシュール 一般言語学講義──コンスタンタンのノート．東京大学出版会．

その言葉の背後にある暗黙の意味を読み取ることを可能にしていると言えます。

2 前言語的コミュニケーション

1 歌うコミュニケーション──原初的会話と音楽性

　言葉を話し始めるのは，最初の誕生日頃，歩き始める頃です。しかし，決して突然，話せるようになるのではなく，泣き声，表情，ジェスチャーなどの「前言語的コミュニケーション」を土台として，言語使用に移行していきます（表6-1）。やまだは，このような言語発達過程を，①母子が「アーアー」とリズムを同調し合う「歌うコミュニケーション」から，②やりとりゲームの「型」に応じた「ゲームとしてのことば」を経て，③この世界をカテゴリーにまとめていく「記号としてのことば」に至るとまとめています。

　ところで，乳児の聴覚の発達は胎齢7カ月頃からですが，子宮のなかでもっとも耳にするのは母親の声です。乳児が乳首を吸う速さに応じて耳に聞こえる音声が変わるという装置を使ったある研究からは，新生児が他人の声より母親の声の方を好むこと，初めて聞く外国語よりも胎内で聞き慣れた母国語の方を好むことが見つかっています。これらの研究から示唆されることは，乳児は，言葉自体は理解できなくても，母親が話す言葉のリズムを敏感に聞き取る生得的な力（音楽性）を備えているということです。実際，乳児は親が抱いてあやしたとき，受け身的に揺すられているのではなく，あやしのリズムに同調した自発的な体動をします。つまり，乳児の音楽性が親のあやすリズムへの同調を生み，それが最初期の母子のやりとりを生み出していると考えられます。子守歌はその典型例で，独特な音調構造をもち，乳児が親の動作に同調するのを助け，親子の一体感を促進する働きをしていると考えられます。

▶ 2　やまだようこ（2010）ことばの前のことば──うたうコミュニケーション．新曜社．
▶ 3　Moon, C., Cooper, R. P. & Fifer, W. P. (1993) Two-day-olds prefer their native language. *Infant Behavior and Development*, **16**, 495-500.

表6-1 言語発達の経路の概観

前言語的コミュニケーション	
泣き声の分化:空腹,眠気,不快などの状況に応じて泣き分ける	0〜3カ月
表情・情動共有,リズムによるやりとり,クーイング(非叫喚発声:泣き声ではない,「クー」というような発声)の出現	2,3カ月頃
発声遊び:クーイングやガーグリング(うがいのような発声)を反復	4〜6カ月
規準喃語(反復喃語)の出現:発声器官をコントロールできるようになったことで,「バブバブ」のように母音と子音から成る定型音が反復される	8〜10カ月頃
共同注意(1):大人の指さし,視線が指示する対象を見る	9〜12カ月
バイバイ,チョウダイ,バンザイ,ドウモなどのジェスチャー,手遊びをする	10〜12カ月
擬言語発声(ジャーゴン):母国語"のような"音調の発声。世界共通の喃語から言語に独特な音声の発達に移行したことを示唆	12カ月前後
言語的コミュニケーション	
最初の言葉(初語,マンマ,ブーブー):歩行の開始と同時期	12カ月頃
一語文:アッタ,チョウダイなど単語で文章を表現(8〜11語/月)	12〜18カ月頃
共同注意(2):指さしで自分の要求・関心の対象へ大人の注意を向ける	12カ月頃から
自分の名前が分かる,呼ばれると返事をする	12〜15カ月
無いものを「ナイ」と言える,自己主張が強まる	18〜24カ月
50語を超えた頃から語彙獲得(名づけ)のスパート(20〜40語/月)	18〜24カ月
二語文(電報文):「○○チョウダイ」,「ブーブーキタ」など,文法(語順)の獲得を示す。おおよそ50〜200語を話す	2歳前後
文章(多語文)を話す。「ナアニ」を連発する。自分の名前が言える	2歳以降
幼児語を卒業。「こ・そ・あ・ど」,心的動詞(思う,考える)の使用	3歳以降
未来(あした),次に過去(きのう)について話せる	4歳頃から
語彙数は6歳までに15,000語,12歳までに40,000語に達する	

　さらに,乳児は誕生直後から,人の顔への好み,他者の手や口の動きの模倣(新生児模倣)に見られるように,周囲の人とコミュニケーションを取ろうとする強い動機を示します。また,乳児の発声に,親が「ア〜ン」と同調すると,

▷4　第4章「知覚・認知の発達」写真4-2 (p.54) も参照。

乳児が「ア〜」と返すというような順番交代を伴ったやりとり（原会話）が可能なことも知られています。この原会話は，生後2〜3カ月頃にクーイングと呼ばれる機嫌のよいときの発声が出てくると，しばしば観察されるようになります。ただし，原会話は微笑みに微笑みを返す「無言の会話」であることも少なくありません。このような表情によるコミュニケーションは「情動のコミュニケーション」と呼ばれますが，何かの意味を伝えるのではなく，相手への興味・関心，同じ情動を「共有した」という一体感，その喜び，満足を伝えるコミュニケーションだと言えます。

　このような親子のコミュニケーションでは，子どもの反応の積極性が親の応答性を左右していることも知られています。生後4〜24週間，毎週，子どもの機嫌のよい発声とそれに応じた母親の声かけを観察した研究からは，母親の声かけに反応が返ってこないと，親は次第に短い関わりしかしなくなり，逆に，子どもが次の応答を返すと，やりとりがどんどん発展をすることが報告されています。同様の個人差の影響は保育場面でも観察されています。ある保育士が受けもった1歳未満の「陽気な子」「よく泣く子」「おとなしい子」の3児との関わりを3カ月間観察したところ，おとなしい子との関わりは，他の子に比べて，陽気な子とのやりとり，手のかかる子への対応に時間を割かれ，次第に減っていくことが認められました。このような子どもの個人差は，言葉の発達に影響を生むのではないかと予想されます。

　このように，初期のコミュニケーションは，大人が引き出すのではなく，子どもが生まれながら備わった力を大人との共同作業によって発揮していく場だと言えます。

▷5　Hsu, H. & Fogel, A. (2003) Stability and transitions in mother-infant face-to-face communication during the first 6 months: A microhistorical approach. *Developmental Psychology*, **39**, 1061-1082.

▷6　中野　茂（1991）乳幼児の発達と保育内容．森上史朗・吉村真理子（編）保育内容総論．ミネルヴァ書房，11-35．

II 子どもの発達理解

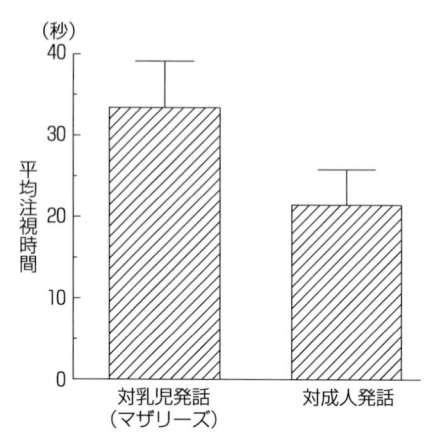

図6-1 対乳児発話と対成人発話への1カ月児の注目の違い

注：1カ月児12人を対象とした。
出所：Cooper, R. P. & Aslin, R. N. (1990) Preference for infant-directed speech in the first month after birth. *Child Development*, **61**, 1584-1595.

2 親の対乳児発話

　ところで，養育者は，乳児と対面したときに，「マザリーズ」（「ペアレンティーズ」とも呼ばれる），または，「対乳児発話（infant directed speech: IDS）」と呼ばれる，尻上がり（ママダヨ～）ないし釣鐘型（イイコネ～ェ）の高いトーンで，「誇張された抑揚」を伴って，「ゆっくりとしたテンポ」で「短い言葉を繰り返す」独特な発声をすることが知られています。この IDS が子どもの注意を引きやすい（好まれる）発話スタイルであることは，生後1カ月の乳児に対乳児発話と対成人発話を聞かせた時，前者の話者の方を乳児が注視することから確かめられています（図6-1）。ただし，IDS が一般的に出現するのは，子どもが12週（3カ月）頃からで，子どもが母親の働きかけに応答をするようになり，親もそれまでの注意喚起から応答的になり，両者のやりとりが出現する頃です。また，育児不安傾向の強い母親ほど IDS が未発達で，子どもの発達も遅れる傾向にあることも見つかっています。

　このように，多くの母親は子どもの誕生後3カ月ほどの間に親の声が親らし

くなり，親子の声は似たものになり，親子が，いわば，"合唱"をするようになっていきます。

③ 言葉によるコミュニケーションへの移行——世界語から母国語へ

1 | 世界語を話す乳児

　生後数カ月頃から乳児は，叫ぶような声や猫が喉を鳴らすような喃語発声をするようになります。この喃語は，親には発声できない音や弁別できない音素を含むとともに，世界中の赤ん坊に共通した"世界語"であることが，世界の2～6カ月の乳児を観察した研究から見つかっています。実際，個別の言語で使われている音は40程度なのに対して，この時期の子どもたちは，約600の子音と200の母音を発声すると言われています。この世界語を話す時期の乳児は，母国語にはない多数の音を発し，大人には不可能な，初めて聞いた言語の音素を弁別できることが，英語を話す家庭で育った乳児のヒンズー語，北米先住民語の類似な音素の弁別研究などから知られています（図6-2）。興味深いことは，この弁別力は，その後，月齢とともに低下し，初語が出てくる満1歳頃には，周囲の大人と同様に聞き分けられなくなることです。同じ結果は，英語のraとlaの聞き分けを日米の6～8カ月児と10～12カ月児で比べると，前者では日米でほぼ同じ正答率だったのが，後者ではアメリカの乳児は向上し，日本の乳児は大きく低下することを見いだした研究からも報告されています。[7]

　この弁別能力が低下し始める生後8～10カ月頃から，乳児の発声は，「バブバブ」「マママ」のように母音と子音からなる定型音が反復されるようになり，母国語に類似した発声に変わったように感じられるようになります。このような発声は規準喃語（反復喃語）と呼ばれ，発声器官をコントロールできるよう

▶ 7　Kuhl, P. K., Stevens, E., Hayashi, A., Deguchi, T., Kiritani, S. & Iverson, P. (2006) Infants show facilitation for native language phonetic perception between 6 and 12 months. *Developmental Science*, **9**, 13-21.

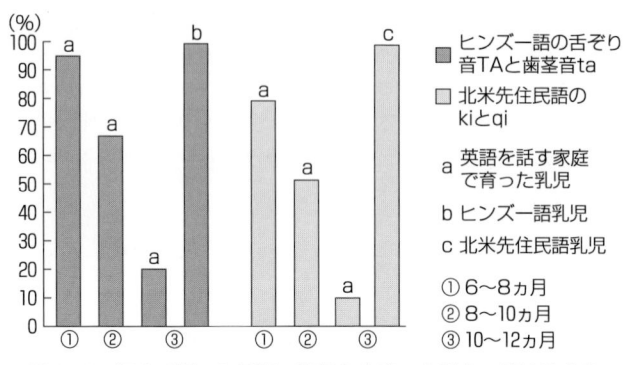

図 6-2 初めて聞いた言語の類似な音素の弁別力の発達的変化

出所：Werker, J. F. & Tees, R. C. (1984) Cross-language speech perception: Evidence for perceptual reorganization during the first year of life. *Infant Behavior and Development*, **7**, 49-63. を改変。

になったことを示唆します。さらに，12カ月前後には擬言語発声（ジャーゴン）と呼ばれる母国語らしい音調の発声が認められるようになります。こうして，最初の言葉を話す前に，まず，乳児の「声」が世界語から母国語に移行していきます。

2 やりとり遊びと共同注意

　この世界語から母国語への文化学習には，8～10カ月頃に親子で盛んになる手遊びや「やりとり遊び」などの定型的なジェスチャーによる親子のゲームが重要な役割を担っています。それらの例には，「イナイ・イナイ・バア」「バンザイ」「バイバイ」などのジェスチャー，「チョウダイ」「ドウゾ」「ドーモ」のやりとりや「げんこつ山のタヌキさん」などがあげられますが，これらの定型ゲームへの参加を通して，子どもたちは文化的なやりとりの型を習得していきます。たとえば，「イナイ・イナイ・バア」は母親が「イナイ・イナイ」と顔を隠しますが，決して本当にいなくなるわけではなく，母親が，隠れたふりをし，それを子どもが"いないものと見なす"虚構の合意・共有のなかにあると言えます。また，これらの定型的ゲームのなかで大人が使う特定の言葉やジェスチャーは，子どもにとって理解しやすいものであるだけではなく，親がして

いる通りにジェスチャーをしているかどうかの自己評価・制御の機会にもなります。したがって，このような親とのゲームによる経験の共有は，「言語獲得支援システム」と言われます。それによって，言語使用の前に，他者とのやりとりの「型」が習得されていくのです。

ところで，言語コミュニケーションの直前に「共同注意」が出現します。共同注意は，2人の人物が同一の対象に注意を向ける「自分－他者－物」の関係（三項関係）から成り立ちます。この発達は，まず，9～12ヵ月頃に，親が指さす・見る対象を乳児が同定して見る段階と，12ヵ月以降に乳児が対象を指して／見て，親もそれを見るのを求める段階の2つからなります。この第1段階では，子どもは親の指や親自体ではなく，親の注意対象を見ることから，親が伝えたい意図（「うさちゃんだよ」）が読み取れること，親が思い描いているイメージ（うさちゃん）を子どもが共有できることを示唆します。第2段階では，子どもが大人に「あれは何？」と尋ねるように，あるいは，「あった！」「きれい！」などの感動の共有を求めるように対象を指すようになります。このことは，自分の経験は他者に伝達可能であるだけではなく，自分の興味に他者の注意を引きつけることができるという信念をもつようになったことを示唆しています。この第2段階が初語の出現時期と重なるのは偶然ではなく，共同注意が密接な言語発達支援システムとなったことを示唆しています。実際，母親との共同注意が頻繁な12ヵ月児ほど，母親が子どもの注意対象に言及したほど，18ヵ月時点での理解語彙，その後の産出語彙の豊かさを予測できることが見いだされています。

このように，言葉が出現する前に，まず，声が母国語音となり，やりとりのフォーマットが習得され，他者が意図した対象を分かち合えるという信念が築かれ，それらを基礎として，言葉の世界へと移行していくのです。

▶8 共同注意・三項関係については第8章 ③「『自分－他者－物』の三項関係の発達」（p. 111）も参照。
▶9 Carpenter, M., Nagell, K. & Tomasello, M. (1998) Social cognition, joint attention, and communicative competence from 9 to 15 months of age. *Monographs of the Society for Research in Child Development*, **63** (Serial no. 255).

4 言語的コミュニケーション——時空の超越と社会への参加

1 │ 初語から一語文へ

　最初の誕生日の前後，人間の乳児は，やっと，二足歩行を始め，母国語を話し始めます。乳児が最初に話す言葉（初語）は，その子その子で違っています。多くの場合，親が有意味な言葉だと聞き取った言葉のうちのいくつかが初語として認められます。そのため，最初期の初語は不安定で，状況や日によって言ったり，言わなかったり（親が聞き取れたり，聞き取れなかったり）します。また，ほとんどの場合，初語として認められるのは，「ワンワン」「ブーブー」などのいわゆる赤ちゃんことば（赤ちゃんことばを親が子どもに用いた場合には，「育児語」と呼ばれます）です。この赤ちゃんことばは，オノマトペ（擬音・擬態語）が中心で，「ワンワン」「ブーブー」「ポッポ」のように同音反復からなるものが少なくありません。これは，リズミカルな音調が子どもの理解・記憶を容易にするからだと考えられます。親子のやりとり遊びや共同注意のなかで親が子どもに用いた育児語を子どもが模倣することで初語になるのではないかと考えられます。

　ところで，日米の6〜19カ月児と母親がおもちゃ遊びをしている場面の観察からは，アメリカの母親は物の名前に注意を向けるように奨励するのに対して，日本の母親は，育児語を多用し，子どもを社会的やりとりの型のに引き入れようとすることが報告されています。たとえば，アメリカの母親は，「あれ車だよ。見てる？　車好き？」と物の名称を強調するのに対して，日本の母親は「はい，ブーブー。どーぞ。これちょうだい。ありがとう」などのやりとりの型や，「ワンワンにかわいい，かわいいしてあげて。あぁ，かわいい，かわいい」のように，思いやりを示すことを奨励します。このように，育児語には，

▷10　Fernald, A. & Morikawa, H. (1993) Common themes and cultural variations in Japanese and American mothers' speech to infants. *Child Development*, **64**, 637-656.

語彙だけではなく，その社会の価値観を伝える働きがあると言えます。

さて，赤ちゃんことばは語形変化ができません。また，動詞の習得もまだ先のことです。しかし，父親の帰宅を窓から見つけて，「パパ」と言って指さしながら母親を見れば，「パパ，かえってきた」を表せます。このように，一定の型のなかでは一語で「○○が××をする」という文章に相当する表現が可能なので「一語文」と呼ばれます。このような一語文の表現は，親とのやりとりのなかで学んだやりとりの型が支援システムとして働いているのだと考えられます。こうして，1歳半頃には安定して使われる言葉は10～50語前後になります[11]。

この頃から，新たな言葉の獲得が急増し始めること（語彙獲得のスパート）が知られています（図6-3，6-4）。この現象のもっともよく知られている説明は，「物すべてに名前がある」ことを子どもが発見したからだというものです。つまり，言葉は特定の対象を指示していることを理解し，目にした物の名前を大人に聞いたり，自ら名づけたりすることで語彙が急増するという考えです。もう1つは，周囲の事物をグループ分けできるようになったからだという考えです。既知のグループに入るものはどんどん取り込まれ，組み込めないものは，新しい名前（「マンマ」ではなく「パン」，「ブーブー」ではなく「ピポ（救急車）」）がつけられることで増加するという考えです。このどちらの考えに立つにしても，このスパートは子どもの力だけで生じるのではなく，共同注意，やりとりのなかで親が名前を教えるというような「言語獲得支援システム」のなかで生み出されていると言えます。たとえば，動物園セットで1歳児と遊んでいる母親は，子どもが名前を知っている動物は名称を，聞いてわかるものには指さしを，まったく知らない動物は名前を教えるという異なる働きかけをすることが知られています。このような働きかけが，子どもの語彙の範囲を拡大していると考えられます。また，子どもが13カ月の時，子どもの発話に同調したり，同意したりする応答的な母親の子どもの方が，二語文をより早期に話せ

▷11　言語の獲得には個人差が大きいことに注意。

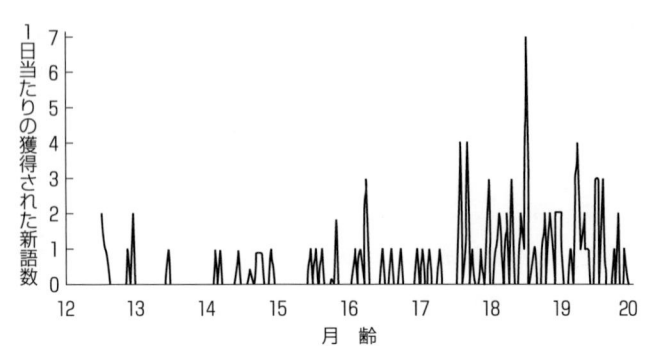

図6-3 ある子どもが話した新語獲得数の追跡記録

出所：Ganger, J. & Brent, M. R. (2004) Reexamining the vocabulary spurt. *Developmental Psychology*, **40**, 621-632.

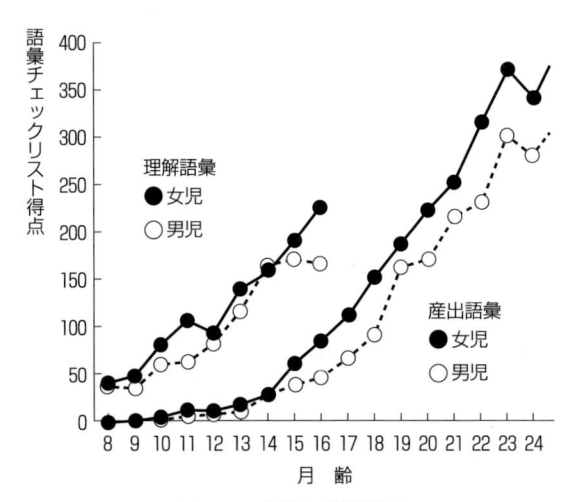

図6-4 語彙の獲得過程

注：理解語彙が先に発達をし，産出（言える）語彙が後から追いかける。産出語彙は15〜18カ月頃に急に増加し始める。この発達は女児の方が先に進む。

出所：Fenson, L. et al. (1994) VariabiJity in early communicative development. *Monographs of the Society for Research in Child Development*, **59** (Serial No. 242).

るようになること（図6-5），すなわち，子どもの語彙獲得のスパートを助ける傾向にあることが知られています。したがって，このような「言語獲得支援システム」のなかで子どもたちが積極的に名づけとグループ分けの試みをすることで，語彙はどんどん増えていくようになるのではないかと考えられます。

2 ｜ 二語文と文法の理解

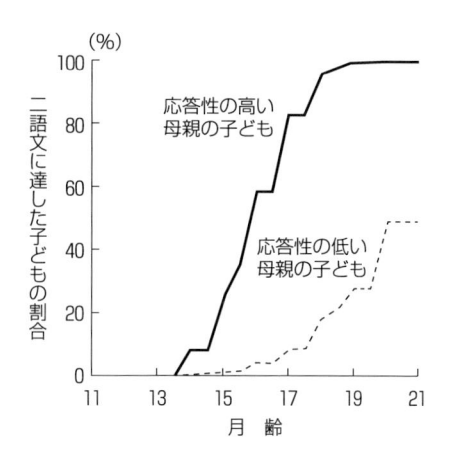

図6-5　13カ月時の母親の応答性と，その後の言語発達
出所：Tamis-LeMonda, C. S., Bornstein, M. H. & Baumwell, L. (2001) Maternal responsiveness and children's achievement of language milestones. *Child Development*, **72**, 748-767.

　産出語彙は，その後も増え続け，2歳頃には200語前後に達すると同時に，文法（統語法）を獲得したことを示唆する「二語文」を話し始めます。ただし，そのパターンには女児の方が言葉が早い傾向にあります（図6-4参照）。二語文の多くは，「パパ・ダッコ」「ブーブー・アッタ」「ワンワン・イタ」など，赤ちゃんことば（幼児語）に主語，あるいは，述語（動詞，形容詞）が付加したパターンからなります。いわば，一語文では暗黙にされた部分が表現されるようになったと言えます。

　二語文獲得は，これまで，二語文の多くは名詞と動詞からなり，1つの動詞（キタ）を覚えると，それと組み合わされる名詞（パパ，ブーブー，ワンワン）が次々に組み合わされるようになるという軸文法説によって説明されてきました。しかし，軸として使われる動詞は限られているうえに，特定の名詞が軸になる（マンマ＋ナイ，チョウダイ，ドコ）こともあります。したがって，最近では，二語文は，まず，特定の言葉に中心化した"島"が形成され，次第に他の表現に広がっていくのではないかと考えられています。この島の例は，「動

▷12　ブルーム，L., 宮原英種（監訳）(1981) 文法の獲得．大修館書店．

詞＋ノ」（見るノ）や，「しナイ」「いナイ」「とれナイ」「できナイ」などの特定の語と他の語との組み合わせなどです。同様に，語尾に「カイ」を付けることで疑問文をつくる方言地域の子どもたちでは，早期から「あった・カイ」「いった・カイ」「これ・カイ」などの表現が観察されます。このように多数の特定の組合せが群島のように獲得され，それが次第に発展をして，二語文，あるいは，多語文一般へと広がっていくのだろうと考えられます。

　2歳半ば頃からは，次第に，「パパ・カイシャ・イッタ」「オッキイ・ワンワン・イル」のような多語文（電報文）に移行していきます。同時に，「キレイ・ノ・オテテ」「チイサイ・ノ・ニャンコ」のような過剰般化と呼ばれる不自然な表現も出現しますが，これは，獲得した統語法を類推によって積極的に応用しようとしていることを示唆します。

　3歳前後になると語彙は約500語に達し，赤ちゃんことばを卒業し，「ぼく・わたし」などの人称代名詞，「こ・そ・あ・ど」の指示代名詞（指示詞）による代理的記号表現が使われるようになります。また，自分が経験したことを心的動詞（思う，考える）を用いて身近な大人に伝え，日常会話が成立するようになります。さらに，4歳では，未来（あした），次に過去（きのう）について話せるようになります。つまり，発話内容が目にしたことへの言及から，経験したこと，思ったことの「お話し」（内的世界）へと移り変わっていきます。この典型例は，ごっこ遊びの出現です[14]。実在する物理的世界ではなく，虚構世界を仲間と共有してふり行為を演じ合うやりとりが展開されるようになります。

3｜言語理解の発達――行動解発とファンタジー

　一方，理解可能な言葉（理解語彙）の発達は，言える言葉（産出語彙）より早期から発達します（図6-4参照）。本章 3 2 で記したように，9カ月頃には親とのやりとり遊びで，親の期待に沿った身振りをするようになり，親の指し

▷13　トマセロ，M., 大堀壽夫・中澤恒子・西村義樹・本多　啓（訳）（2006）心とことばの起原を探る．勁草書房．
▷14　第11章 3 2 「ごっこ遊びの展開」（p. 158）も参照．

示す物に注意を向けるようになります（共同注意）。こうしたやりとりの型は，たとえば，母親の「マンマだよ」が特定の食べ物を指すのではなく，"食事"という時系列的事象を指すものであるという理解や，親の「○○して」という要求（「それ，ポイして」）は，自分の行為（放る・捨てる）を解発することを求めているのだという理解を助けます。このような，特定の場面の目標に即して組織化された行為の流れは「スクリプト」[15]と呼ばれます。話し言葉が物事を表現できるようになっていく過程であるのに対して，言葉の理解は，話者の意図を理解し，その期待に沿ったスクリプトを思い描けるようになっていく過程だと言えます。

　この言葉の理解の発達で重要なのは，大人に絵本を読んでもらう経験です。その際，単に読んだり，描かれている物の名称を教えたりするのではなく，たとえば，母親が「プーさん，どこかな」「猫ちゃん，ニコニコだね」というような「対話的読み聞かせ」をすることが，語彙の獲得に有効であることが，2〜3歳児を対象とした研究から知られています[16]。周囲の人々とのやりとりが対話や応答的であるという点は，テレビやDVDなどのメディアと基本的に異なります。対話のなかでは，話者の意図を理解することが不可欠です。そのような経験が，他者の期待に応え，協力しあう行動のスクリプト，そして，ファンタジー・物語での主人公の心情の理解へと発展をしていくと考えられます。

　このように，発話の発達は他者とのコミュニケーションを可能にし，理解の発達は生活空間を超えた世界へと子どもたちを招いていきます。こうして，獲得される語彙数は，驚異的な増加を遂げていき，4歳で1,000語，6歳までに15,000語，12歳までの4,000日余りの間に40,000語にも達すると言われています。まさに，私たちは，言語文化社会のなかで暮らしているのだと言えます。

▷15　▷14を参照。
▷16　Whiiehurst, G. J., Falco, F. L., Lonigan, C. J., Fischel, J. E., DeBaryshe. B. D., Valdez-Menchaca, M. C. & Caulfield, M. B. (1988) Accelerating language development through picture book reading. *Developmental psychology*, **24**, 552-559.

5 言語が開く心的世界へ

1 言語がもたらす可能性

　子どもたちは，言語を獲得することで新しい可能性を手に入れます。1つには，その有限な文法体系を用いて無限の表現が生み出せることです（言語の生成性）。それによって，自分の体験や考えについて自分の言葉で語れるようになります。
　第2に，いつどこでも，他者と意図を伝え合うができるようになります（言語の任意性）。それによって，泣きや身体的攻撃は言い争いに変わっていくとともに，相談による和解・合意が可能になります。また，言っていいこと，悪いことや，状況による言葉遣いも習得していきます。
　第3に，その場に存在しないものや抽象的なものを言葉に置き換えることで時空を超えて表現・参照できるようになります（置き換え）。「ナイ」と言えることは，このような言語の力を習得したことを示しています。
　第4に，言語のシンボル化は対象に有意味性を与える働きをします。たとえば，夏の日に浜辺で拾った貝殻が宝物にもなります。
　最後に，物事を言語化できることは，その記憶と貯蔵を可能にします。3歳以前のことを思い返すのが困難なのは，言語が未発達なためです（これを乳児期健忘症と言います）。文字の読み書きができるようになれば，記録を残すことだけではなく，書籍，マスメディア・外国語などの社会に蓄積された言語文化への参加が可能になり，それによって，個々人の脳活動の範囲を超えて，社会全体が共有する知識，時空を超えて継承されてきた知識を入手できるようになります。ただし，そこには教育による支援が不可欠ですが，こうして子どもたちは個人を超えた言語文化社会の一員となることができるのです。

2 「内化された他者」としての言語の働き

　ヴィゴツキー（Vygotsky, L. S.）は，言語とは社会の思想・文化を包含している社会文化的産物であり，社会と個人の架け橋であるという考えに立って，言葉を通して親から子に伝わるのは，言葉自体ではなく社会歴史文化的な意味・思想だと論じました[17]。また，考えるという行為は，頭のなかに取り込んだ言語を通して，「言葉で考える」のだと言いました。この口に出さずに頭のなかで話す言葉を「内言」，声に出して他者に向けられた発話を「外言」（通常の発話）と言います。6，7歳頃には，口に出さずに頭のなかだけで考えられるようになりますが（黙読はその好例），難しい課題（計算問題，難文，買い物など）に直面すると，大人でも，つぶやき声（独り言）が出てきます。これは，行動をより確かに統制するために，内言が外言化して自分自身に命じる現象と言えます。幼児では，内言だけで考える力の発達が不十分で，ブロックを組み立てながら，「○○をこうして。それから……そっか，これか」などと思っていることが，"独り言"のように口に出ます。

　ヴィゴツキーの仲間であるルリア（Luria, A. R.）は，言語に行動を調整する働きのあることを明らかにしました。この言語的行動調整作用には，言葉によって行動を引き出す力と制御する力が含まれます。前者は，「そのボールちょうだい」と言われてボールを渡す等ですが，15カ月頃に出現します。しかし，2歳前の子どもでは，ボールと等距離のところに魅力的なクルマのおもちゃがあるとそちらに惹きつけられてしまいます。これは，要求されたことを心のなかで命じ続ける行動制御がこの年齢では未発達なためです。そのため，いったん解発された行為を言葉で停止させることは困難で，着ている途中で服を「後ろ前だから脱いで」と命じられると，かえって着続けようとします。

　しかし，3歳頃には，今，行っている行為を抑制できる力が発達します。ルリアが行った実験では，1歳半～3歳半の子どもたちが圧力計とつながったボ

▷17　ヴィゴツキー，L.S., 柴田義松（訳）（2001）新訳版　思考と言語．新読書社．

Ⅱ　子どもの発達理解

ランプが点いたら2回握りなさい

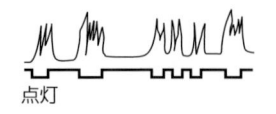

点灯

ランプが点いたら「1つ, 2つ」と言いながら握りなさい

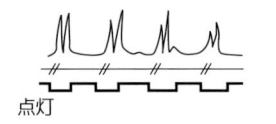

点灯

図6-6　言語による行動調整機能（3歳児）

出所：村田孝次（1973）言語発達. 藤永保（編）児童心理学――現代の発達理論と児童研究. 有斐閣, 310. を改変.

ールを「ランプが点いたら握る」課題を行いました。結果は，1，2歳児ではランプの点灯に応じて握ることはできませんでしたが，3歳児は達成できました。しかし，課題が「2回握る」条件になると3歳児でもできなくなり，「2回」と言いながら握らせても，握ったのは1回だけでした。ところが，「1つ，2つ」という独り言を伴った場合には，よりうまく行動調整ができました（図6-6）。

　この結果は，言語発達水準が運動反応に関与していることを示唆しています。他者の命令をどれほど内化できるか，換言すれば，「内化された他者」が発する指令によって自己統制できるかが言語の発達水準だと言えます。したがって，「がまん，がまん」とトイレに急ぐ子は，「内化された他者」の声を聞いて自分に命令をしているのだと言えます。また，「ペンは剣よりも強い」ことや「言葉が傷つける」のは，言葉がコミュニケーションの道具であるばかりではなく，私たちの「こころ」を形づくっているからだと言えます。

> **本章のまとめ**
>
> 　言語発達は，乳児期の情動のコミュニケーション，1歳以降の言葉を通して自他の意図伝達・要求理解，協力をし合うコミュニケーション，言葉による社会へ参加の3段階からなります。この意味で，言葉の出現がこの共同社会を生み出したと言えるでしょう。

第7章
社会性の発達

ポイント
1 乳児と養育者との関係をつくり出す,生物としてのヒトの特徴を理解する。
2 幼児期や児童期に見られる人間関係の急速な広がりを理解する。
3 社会的行動に必要な,相手のこころを読むことの重要性を理解する。

　動物としてのヒトは,誕生直後から生得的に準備された感覚受容器や効果器である四肢を駆使して,彼らを取り巻く環境の1つである別のヒトと,相互作用しようとする特性をもっています。赤ちゃんが人間の顔の特徴をもった刺激をそれ以外のものと区別して反応することからもわかるように,ヒトはヒトに関心をもつようにプログラムされています。このような特徴は,ヒトが他のヒトと相互作用し,他者との関係のなかで相対的に自分を位置づけようとする生き物であることを示しているのです。この章では,「他者との関係のなかでつくられる」という視点から,社会性の発達について考えてみます。

1　社会性とは

　教育現場では,子どもたちの教育目標として「社会性を身につける」というような表現が用いられたりします。私たちの周りでも社会性という言葉は普通に用いられているのですが,日頃,この言葉の意味を深く考えることはあまりありません。友達と仲よくつき合えるような,人柄のよさが社会性なのでしょうか。
　子どもは家族,園や学校,地域,そして国家というように,様々な集団に所属して生活しています。これらは,直接影響しているものから間接的に影響しているものまで,子どもとの関係性も様々です。このような集団は,その集団

がつくり出している，明確なルールやあいまいなルールをもっており，集団を維持するためにはこのようなルールが必ず必要となります。そのため，強制力も影響力も異なる様々なルールを，ヒトもまた他の動物と同じように，経験を通じて獲得していかなければならないのです。

　私たちの身の回りにある様々なルールは，他者との関係性のなかで徐々に形成されていくため，発達初期からの人との適切な関わりが重要な要因となってきます。このように，他者との関わりのなかで，自分が所属する社会での適切な行動を身につけていくことを，「社会化」と呼んでいます。社会化の過程のなかで，子どもは所属する集団や社会に適合した考え方を学習し，それを理解し使いこなすことができるようになるのです。このようななかで，個人が他者や集団に対して適応的に働きかけられることを大きく「社会性」と呼びます。社会性は，乳児期に見られる養育者との関係性から始まり，幼児期以降に見られる仲間関係，そして学校などの公的な集団関係へと広がっていくことになります。

2　乳児期の社会性の発達

1　生理的早産と社会性

　生まれたときからほぼ体の構造ができ上がり，自分で動くことができる他の哺乳類に比べて，ヒトは未熟なまま生まれてきます。ヒトの乳児が他の哺乳類と同程度に発達するまでには，およそ1年が必要となり，言い換えれば，ヒトは本来生まれるはずの時期よりも1年早く生まれてきていると言えます。このことをポルトマン（Portmann, A.）は生理的早産と表現し，誕生後およそ1年間にわたる養育者のケアが必要であることを示しました[1]。

　ヒトも誕生時に外界との相互作用を可能とする多くの機能をもっています。

▷1　ポルトマン，A., 高木正孝（訳）（1961）人間はどこまで動物か ── 新しい人間像のために．岩波書店．

しかし，ヒトを除く多くの霊長類が誕生時からしている，親にしがみついたり，物をつかんだりすることや，姿勢を保持し，自発的に移動し，自分で食べ物を探し出して摂取するようなことはできません。ヒトの場合は養育者が生存のための生理的欲求の充足を行わない限り，生きていくことができないのです。長い人類の歴史において，主たる養育者は多くの場合母親でした。ですから発達初期の母子関係の成り立ちは，社会的行動の萌芽的なものとして研究者の注目を集めてきました。このような初期の母子関係が子どもを取り巻く環境との社会的なつながりの第一歩と言えるのです。

2 │ 初期の養育環境とその後の発達

　乳児期の養育者との社会的関係性が後の子どもの発達と関係することを示したのはボウルビィ（Bowlby, J.）です。彼は，非行少年に生後1年以内の母子分離を経験したものが多いという臨床経験から，発達初期の母子関係のあり方が社会的発達と密接に関係していることを示しました。さらに，アタッチメント（愛着）の考え方は，初期の母親の働きの重要性を示すことになりました。このなかで，ボウルビィは内的作業モデルという，後の行動のモデルとなるものが母親から子どもに伝えられると述べています。内的作業モデルは，特定の場面で母親が示す行動のレパートリーとしてとらえることができるのですが，このレパートリーの豊かさが子どもの社会的行動の柔軟性と関係していると考えられるのです。

　このことは，乳児は母親が養育しなければという，ステレオタイプのような考え方を導く可能性をもっています。事実，近年，ボウルビィが提案したこのような発達初期における母子の関係性と子どもの不適応行動との関連が再び大きな問題となりました。0歳児保育に子どもを預けていたアメリカの勤労女性

▶ 2　Bowlby, J. (1944) Forty-four juvenile thieves: Their character and home life. *International Journal of Psycho-Analysis*, **25**, 19-52.
▶ 3　Bowlby, J. (1988) *A secure base: Parent-child attachment and healthy human development*. Basic Book.

II 子どもの発達理解

たちは，子どもを保育所に預けることが，ボウルビィの言う，母子間の社会的な関係性を阻害しているのではないか，その結果として子どもたちが将来社会性に問題を起こすのではないかと不安をもったのです。アメリカ政府はこのような不安を解消するため，発達初期に保育を受けることの効果を科学的に検証しようとしました。[4]この大規模な研究の結果は明確なものであり，十分に訓練を受けた保育者が保育する場合には，保育所において保育されていても，子どもの発育と発達には問題がなかったのです。むしろ，経済状況の悪さなどのために，十分に子どもを世話することができない母親が家で直接育児をしている場合よりも，保育者が保育した場合の方が，子どもの発達はよかったのです。発達初期の社会性を形成する対人関係を考える時に，育児は母親のみが担うものではないこと，また母親以外によってなされる保育においても発達を引き出すに十分な効果をもっていることが示されたのです。

3 │ 相互作用を生み出すもの

　乳児の社会的行動について考える時，私たちは母親側の感受性や対児行動に注意を向けることが多いのではないでしょうか。これは，上述してきたように新生児期の母子関係が主として母親からの働きかけによっていると考えられてきたためだと思われます。実際，母子相互作用の研究では，授乳場面において母親が乳児と目を合わせる行動や，母親が高い調子の声で話しかける行動，新生児の運動と同調して示される母親の身体運動など，母親が表出する行動に注意が向けられることが多くなっていました。しかし，母親は何もないところに向かって自分から行動しているのではありません。赤ちゃんからの信号を検出してそれに反応しているのです。

　では，乳児は母親の養育行動を引き出すためにどのような信号を出している

▷ 4　The NICHD Early Child Care Research Network. (2005) *Child care and child development. Results from the NICHD study of early child care and youth development*. The Guilford Press.
　　第2章 ③ 2「保育の質とは」(p. 28) も参照。

のでしょうか。図7-1はベビー・スキームと呼ばれる，乳児に特有の頭部の形を示したものです。ローレンツ(Lorenz, K. Z.)は，人間を含めたほ乳類や鳥類の幼体は，親の養育行動を引き出すような特性をもって生まれてくると考えました[5]。これらの特徴は，「かわいらしさ」と呼ばれるもので，わずかに盛り上がった額，頭蓋の大きさ，大きな目，短くて太い四肢，ころころとした全体像が，母親に子どもに対する接近感情を引き起こすとされています。私たちが，小さな子どもを見

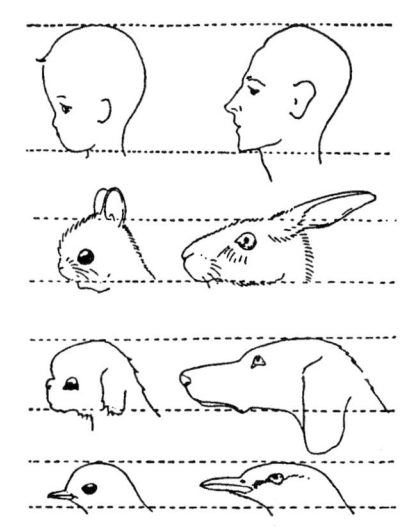

図7-1 ローレンツのベビー・スキーム
出所：荘厳（1997）．141．

た時に感じる「かわいらしさ」は，このような特徴からきていると考えられるのです。もちろん，これら以外にも，発声やよちよち歩きなどの特徴もありますが，関係性を引き出すのは主に外見にあるようです。フラードとライリング(Fullard & Reiling)は男女280人（7歳～17歳と大人）に対して幼体（図7-1の左側）と成体（図7-1の右側）への好みを調べました。その結果，興味深いことに好みには性差があり，11歳頃までは幼体と成体の姿に対する好みの程度に差が見られませんが，13歳頃から女性が男性に比べて，幼体の姿を好むことが明らかとなっています[6]（図7-2）。

このように母と子の関係性は，最初は子どもが発する刺激が引き金であるのかもしれません。しかし，他者との関係性をつくり出すためには，母親が子どもに一方的に働きかけ続けるだけでは十分ではありません。母親の行動に対して，赤ちゃんの微笑やクーイングのような情動的な反応がなければ，母親の行

▶5　荘厳舜哉（1997）文化と感情の心理生態学．金子書房．
▶6　Fullard, W. & Reiling, A. M. (1976) An investigation of Lorenz's "Babyness." *Child development*, **47**, 1191-1193.

II 子どもの発達理解

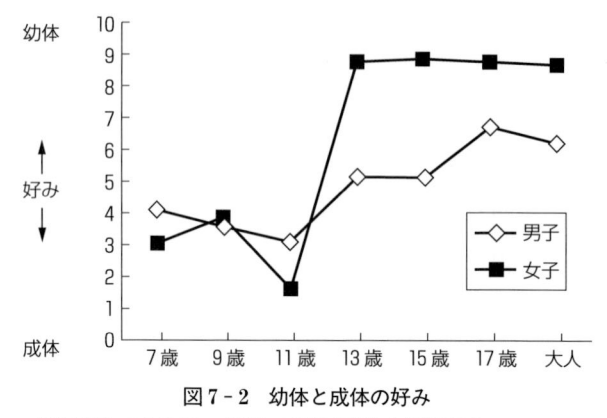

図7-2 幼体と成体の好み
出所：Fullard & Reiling（1976）と荘厳（1997）より筆者作成。

動は繰り返されることが少なくなるのです。母親の行動が赤ちゃんの反応を引き出し，その反応を見てまた母親が行動する……という相互作用のなかで関係性が強められていくのです。

ただ，乳児がもっている感情表出のチャンネルはそれほど多くありません。そのなかでは，泣きは比較的早い時期から乳児の内的な快と不快の状態と対応して表出されるとされています。パンクセップ（Panksepp, J.）によると，乳児は空腹，怒り，苦痛に分類される泣きをもっているとされていますが，泣きは発達初期の社会的な相互作用の中心にあると言えます。[7]

斉藤は，新生児がもっているコミュニケーション能力を母親に示すことによって，対児感情が変化することを示しています。[8] 斉藤は，新生児の感覚器官が誕生直後から働いているという事実を，それらの測定値をもとに母親に説明することで，子どもに対する母親の意識や働きかけ方が変わることを明らかにしました。このことは，誕生直後から母子間の相互作用が始まっていること，母

▶7　Panksepp, J. (1982) Toward a general psychological theory of emotion. *The Behavioral and Brain Science*, **5**, 407-467.
▶8　斉藤雅子（2005）新生児期における母子相互作用形成モデルの構築に関する研究．武庫川女子大学大学院臨床教育学研究科研究誌，**11**，59-63．

親が新生児の信号をとらえることが母子関係の成り立ちにとって重要であることを示しています。

③ 幼児期の社会性の発達

1 人間関係の広がり

　これまで見てきたように、乳児期の社会的関係性は主として、母親を中心とした依存的な関係でした。そこから、自分の周りには、自分がよく知っていて安心できる人と、不安を引き起こす知らない人がいるのだという、人と人の関係性がつくり出している社会の存在に気づいていくのです。これは、8カ月不安と呼ばれる人見知り現象にも現れてきます。そして、この他者との関係性は1歳に近づくとさらに、養育者以外の人間へと拡大していきます。人との関係性を、養育者や母親の表情から読み取るという、社会的参照行動が現われ、対人関係形成のスキルがさらに磨かれていくのです。社会的参照行動とは、子どもだけでは行動を決定できない状況に出会った時、母親の表情や態度をもとに、自分の行動を決めることを言います。このように子どもは母親を手がかりにして、人間関係を拡大していきます。

　3歳頃になると、子どもの周りの人間関係は大きく変化します。それまで、大人との間の依存・服従的な縦の関係性だけであった関係のほかに、仲間という、並ぶ関係、横の関係がつくり出されるのです。この時期には、同等な横の関係が広がるにつれて、ゆるやかな約束事がつくられ始めます。それは、遊びの順番というような、ルールをもった活動として現れてきます。このことによって、それまでの自己中心的な心性を反映した一人遊びから、相互交渉を含む小集団での遊びに移行していくことになります。

　2歳頃までの子どもは同年の子どもを熱心に見つめ、彼らのもっている玩具に興味を示したり、自分の玩具を手渡したりしますが、有効な社会的行動は多くありません。3歳頃から子ども同士の社会的な相互作用が反映された仲間遊

びが多く見られるようになります。たとえば，1つの遊びを互いに助け合って行うことも可能になります。このように助け合って1つのことを行うためには，感情の表出と理解，言語による自己の内面の表出，運動機能の発達による能動的活動，そして私は私であるという自己意識の形成が必要です。これらは，まさに社会的行動を可能にする構成要素であり，他者との関係を調整するという社会性がこの頃に一気に形成されるのです。この意味では，幼児期の仲間関係の経験は，社会性の形成にとって非常に重要であると言えるでしょう。

2 社会的な感情の芽生え

4歳頃になると，子どもは協同遊びに参加し始めます。遊び道具を交換したり，共同で使ったりすることができるようになります。しかし，社会的相互作用が盛んになるにつれ，けんかや口論も増えるようになります。また，3，4歳頃からは社会的感情と呼ばれる自慢や恥ずかしさや罪悪感などの感情が見られ始め，このことが社会的相互作用の質を変え始めます。アレッサンドリとルイス（Alessandri & Lewis）は，3歳児（平均36.4カ月児）の男児16人と女児14人が，パズル課題を行っているところを撮影し，行動を分析しました[9]。その結果，彼らは課題を時間内に終えられたら笑顔を見せたり，両親をまっすぐ見るなどの，自慢気な行動を示しました。一方，時間内に終えられない時は伏し目がちになったり否定的な自己評価を発言するなど，恥ずかしさを現していたのです。このような自慢や恥ずかしさなどの社会的な感情は，人と人との関わりから生じる感情であると言えます。そのため，その後の社会性の形成には，子どもにとって心地よい感情だけではなく，罪悪感や悔しさなどの感情も大切な要素となっていきます。

▶9　Alessandri, S. M. & Lewis, M.（1993）Parental evaluation and its relation to shame and pride in young children. *Sex Roles*, 29, 335-343.

4　児童期の社会性の発達

　児童期が幼児期と大きく異なる点は，一斉学習の場で，自分の意思を抑制し着席し，その結果が評価される場に置かれるというところにあります。このようななかで，社会的関係性は，家庭から学校へと大きく移行していきます。静かに着席し，話を聞き，学習をする，というような教室内のルールとともに，仲間関係のなかに相互依存的で水平的な関係性がつくられるのです。子どもたちだけに通じるルールもつくられ始めます。このことがもっともよく現れているのがギャング集団の出現です。ギャング集団とは，子どもたちがつくり出す集団なのですが，そのなかには役割の分担があり，自分たちだけに通じる合言葉や隠れ家があり，何よりも，自分たちの関係性が大人との関係性よりも重要視されるという特徴をもっています。言い換えると，秘密性や閉鎖性に代表される集団となるのです。これまでは親に何でも話していた子どもが，子ども同士で共有する親への秘密をもったり，グループ内での秘密をもったりし始めます。このため，誤解を受けやすいこともあるかもしれませんが，集団がつくり出す社会的責任を学習するという意味では重要な意味をもっているのです。同時に，集団の構成員としてなすべきこととしてはいけないことは，社会における善悪を反映したものとなっていきます。

　青年期まで続くこの親密な仲間関係がつくり出す社会的行動は，社会性を培う重要な機能をもっています。児童期は心身の機能の有能性が高まり，自立性が高まることによって活動範囲や仲間関係が拡がっていきます。寺本は子どもに自分が住んでいるところの周りの様子を地図に描いてもらい，その地図の変化について見ています。[10] そこでは子どもの遊び空間は園児では自宅から300mですが，小学1年生では1キロ，3年生で2キロ，5年生では7〜8キロとなることが示されています（表7-1）。ここからも児童期の子どもの活動範囲が

▷10　寺本　潔（1988）子ども世界の地図——秘密基地・子ども道・お化け屋敷の織りなす空間．黎明書房．

II 子どもの発達理解

表7-1 子どもの空間認知と遊び行動の発達過程

被験者の属性	遊び行動			空間認知	
	内容	空間	仲間	手描き地図に表された範囲	手描き地図に表された要素
園児	・土いじり ・草・木・花を使った遊び ・テレビ ・ままごと	・自宅から約300m ・自宅付近の道 ・自宅の庭 ・公園	・兄弟 ・近所の友達	・自宅付近 ・通園の道筋	・自宅,保育園など非常に少ない
1年生	・ボール遊び ・公園遊具 ・マンガ	・自宅から約1km ・友達の家 ・自宅のなか ・公園 ・自宅付近の道	・近所の友達 ・兄弟	・自宅付近	・友達の家 ・自然・土地利用 ・交通関係 ・家
2年生	・ボール遊び ・ざりがに取り ・鬼遊び ・せみ取り			・自宅付近 ・通学路沿い	
3年生	・ボール遊び ・鬼遊び ・公園遊具 ・自転車	・自宅から約2km ・公園 ・自宅のなか ・自宅付近の道	・近所の友達 ・同級生 ・兄弟	・自宅と小学校を含めた範囲（通路が主）	・家 ・店 ・自然・土地利用 ・公共施設
4年生	・ボール遊び ・公園遊具 ・ざりがに取り	・自宅から約2.5km			・店が多くなる ・自然・土地利用が少なくなる
5年生	・ボール遊び ・鬼遊び ・プール ・つり	・自宅から7〜8km		・自宅と小学校を含めた範囲（面的な広がりをもつ）	

出所：寺本（1988）．112.

一気に拡大することがうかがえます。

5 社会的行動のために必要なこと

1 相互作用と関係性

これまで述べてきたように，社会的行動は，人と人との関係性を調整する重要な働きをしています。人と人との関係性と書きましたが，実はこの関係性は直接観察できるものではありません。母子関係と言いますが，母と子の"関係"はどこにあるのでしょうか。私たちが観察しているのは，母親と子どもの"行動"です。つまり，アクションとリアクションの連鎖は行動と行動の連鎖であり，それは目に見える相互作用となります。そして，そのような連鎖をつくり出している働きから推察されるものが「関係性」と定義されるのです。ですから，目に見える相互作用と，目に見えない関係性とは別の物と考えられるのです。たとえば，子どもがふざけているときに，母親が子どもの方を見て目を合わせてにこりと笑ったとします。この微笑みという目に見える行動はふざけ続けてよいという信号では決してありません。笑っているけれど，その意味はストップなのです。子どもは，この複雑な母親の内面を読み取っています。このように，関係性は外から見ることができる感情表出を単純に解釈しただけでは理解しにくいのです。もし「わたし」が「お母さん」であれば，きっとこのように思っているだろうという，「お母さんのなかにあるこころ」を「自分のこころ」のなかに見るという高度な働きが，必要となるのです。

2 人のこころを読む

このような高度なこころの働きは，幼児期に形成され始めると考えられています。「こころの理論」もしくは「セオリー・オブ・マインド（Theory of mind）」と言われるものです。「こころの理論」は，人間の行動の背景にはその人のこころの状態があると考えること，つまり人のこころを読む能力と言えるものです。

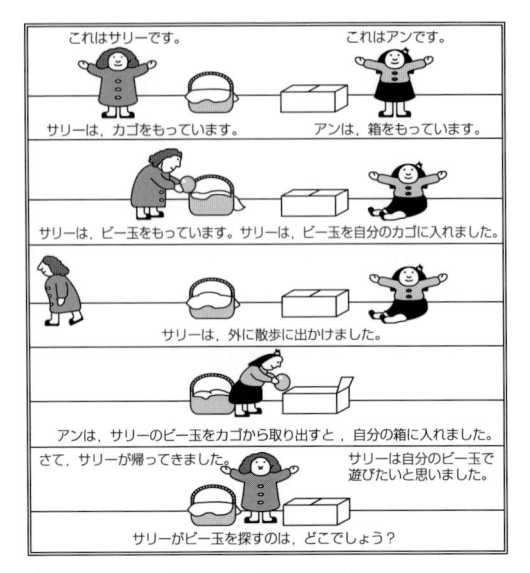

図7-3 誤信念課題
出所：フリス，冨田・清水（訳）(1991). 271.

　子どもがこのような働きをもっているかどうかを調べる課題として，誤信念（false belief）課題と言われるものがあります。フリス（Frith, U.）らは図7-3に示すサリーとアン課題を通して，子どもが相手のこころを読むかどうかの検討を行っています。この実験では，サリーがビー玉をかごのなかにしまってその場を離れ，彼女がいない間にアンがそのビー玉をかごから箱に移し替えてしまいます。この過程を見た子どもに，ではサリーが戻ってきたときにビー玉を探すのは，かごでしょうか，箱でしょうかと聞いてみるのです。この課題で「かご」と答えるためには，サリーはビー玉が移されたことを知らない，だから実際の移された後のありかを知らないということが理解できていることが必要となります。

▷11　フリス，U.，冨田真紀・清水康夫（訳）(1991) 自閉症の謎を解き明かす．東京書籍．
　　Baron-Cohen, S., Leslie, A. M. & Frith, U. (1985) Does the autistic child have a "theory of mind"? *Cognition*, **21**, 37-46.

この移動課題では，サリーはビー玉がかごにあると信じているということを理解しているのかどうかが問われています。これは，ビー玉についてのサリーの理解を尋ねていることになるのですが，これを一次の信念理解と呼びます。では，アンがビー玉を移すところをサリーが偶然見ていたらどうなるでしょうか。サリーが部屋に戻った時に，アンはサリーがビー玉を探すのはどちらだと思っているかを子どもに聞いてみます。「"サリーはかごを探すだろう"とアンは答える」と言うためには，アンはサリーがビー玉はかごにあると思っているという，もう一段階の理解が必要となります。このような理解は二次の信念理解と呼ばれます。

社会的行動には，この課題で問われるような他者のこころのなかを理解することが必要となります。相手のこころを推察する働きは，発達の早い段階に進んでいます。これまでの研究では，4歳頃から一次の信念理解ができるようになり，二次の信念理解は9～10歳頃に可能になるとされています[12]。人が人のこころを理解するという働きが，社会という，人間に固有な世界をつくり出しているのです。

> **本章のまとめ**
>
> ここでは社会性をつくり出している要因について見てきました。ヒトは1人では生きていけない動物です。他者との関係性は，発達初期に開始され，その後も継続し変化していきます。乳幼児期の関係性の形成がどのように進むのか十分に理解しましょう。

▷12 子安増生（2000）心の理論――心を読む心の科学．岩波書店．

第8章
親子相互作用とアタッチメント

● ● ●

| ポイント
| 1 他者との相互作用における視線・指さしの役割を学ぶ。
| 2 子どもの発達におけるアタッチメント形成の重要性を理解する。
| 3 やりとりを楽しむ仲間としての親子関係について学ぶ。

1 環境との相互作用

　子どもたちは，物と人に囲まれ，それらに積極的に働きかけて育っていきます。したがって，子どもの発達とは，取り囲む人‒物環境との「相互作用を通して，豊かな心情，意欲及び態度を身に付け，新たな能力を獲得していく過程」[1]だと言えます。ここで相互作用とは，二者が互いに影響を及ぼし合う現象を言います。ただし，対物と対人の相互作用では違いがあります。たとえば，ガラガラは乳児の腕の振り方によって違った音がします。その音の鳴らし方は，最初は偶発的ですが，次第に，腕の振りを調整して，狙った音を意図的につくり出せるようになります。このように，乳児の働きかけに，物は反応し，それに応じて乳児の働きかけも変わります。
　しかし，このような物との相互作用では，物が反応するのは，その子が働きかけたときだけで，物の側から働きかけることはありません。それに対して，他者とのやりとりでは，親が子どもにガラガラを振り鳴らして見せるように，他者が働きかけをします。しかも，なぜその様な行為をしたのか，その他者の意図を読み取ることが子どもには求められます。ただし，このような意図の読

▶1　厚生労働省（2008）保育所保育指針「第2章　子どもの発達」, 6.

み取りは，無意識のなかでなされます。たとえば，誰かとおしゃべりをしているときには，お互いに相槌を打ち，一緒に笑い，話者・話題への関心を表し合っているにもかかわらず，そのことには，ほとんどの人が気づきません。同様に，物の受け渡しでは，無意識のうちに相手に物を差し出すタイミングとそれを受け取るタイミングがマッチすることでスムーズに渡っていきます。換言すれば，渡す人と受け取る人との思いが無意識のなかで通じ合って，物は渡っていくと言えます。このような無意識のうちに自他の間で"思い"を通い合わせ，共有する現象はインターサブジェクティビティ（間主観性）と呼ばれますが[2]，対人的相互作用が対物とはまったく異なる点は，この現象が含まれていることです。発達初期から始まるこの自他相互の意図のマッチングと共有という現象は，他者（親）との一体感を生み，人生の始まりから親子関係，相互の信頼感を築くことを可能にしていると考えられます。

② 乳児と親との相互作用とその発達

乳児は生まれた直後から人の顔を好み，開口や舌出しなどの他者の模倣，あやすリズムに合わせた体の動きができることが知られています。このことは，生得的に親と思いを通い合わせる力（インターサブジェクティビティ）を備えて生まれてくることを示唆します[3]。また，乳児は，泣き，不快，笑いなどのシグナルによって親から保護，慰め，授乳などの生存に不可欠な育児行動を引き出します。生後3ヵ月頃には親しげな顔には笑顔（社会的微笑）で好意を示し，声かけにタイミングよくクーイングで「アーン」と応じる「原会話」も見られるようになります[4]。母親も「イイコネ〜エ」のように語尾音調が上昇下降する愛情に満ちた，マザリーズ（対乳児発話）と言われる独特の話し方で乳児と

▷ 2 トレヴァーセン，C.・エイケン，K.・パブーディ，D.・ロバーツ，J.,中野 茂・伊藤良子・近藤清美（監訳）(2005) 自閉症の子どもたち——間主観性の発達心理学からのアプローチ．ミネルヴァ書房．
▷ 3 同上書．
▷ 4 同上書．

「会話」をし始めます[5]。しかも，親のマザリーズと乳児のクーイングの声の高さは同調し，お互いの感情も同じような心地よさで共有するように調整されます[6]。

ところで，このような親子の調和的コミュニケーションは，一見，親が子どもに声をかけ，反応に合わせることで成り立っているように思われます。そこで，親の働きかけを妨害する条件を設けて，乳児の反応を確かめる実験研究が行われました。その1つは，「無表情実験」と呼ばれるもので，それまで笑顔で関わっていた母親が，突然，無表情になり，子どもに反応しなくなった時に，その子がどんな反応をするかを調べたものです[7]。この実験に参加した3カ月児は，突然の情動共有感の喪失に最初は戸惑い，表情をこわばらせますが，次には，母親に笑いかけたり，「こっちを見て！」というような注意を引く発声をしたりします。それでも母親が無視し続けると，次第に乳児の方から視線を回避し，自分の体や衣服をいじくり始め，遂には，親を嫌うようにそっぽを向いて，目を合わせなくなり，親とのコミュニケーションから離脱してしまいます[8]。

もう1つの実験は，「ダブルビデオ実験」と呼ばれるもので，実物大に映るテレビ電話を介して，3カ月児と母親がやりとりをしている途中で，母親の映像を再生画像に切りかえた時の乳児の反応を調べたものです[9]。この実験から明らかになったことは，乳児は次第に再生画像の母親を（たとえそれが笑顔でも）見なくなることです。その理由は，再生画像の母親は，乳児の働きかけ，期待にマッチした応答をしないからだと考えられています。

これらの研究から示唆されることは，3カ月の乳児は，決して，受け身ではなく，積極的に母親に関わり，親から反応を引き出そうとする（多分，生得的

▷5　第6章 **2** 2「親の対乳児発話」(p. 82) も参照。

▷6　Nakano, S. (2008) Developmental processes of maternal infant-directed-speech during the first three months. Paper presented at WAIMH 11th World Congress, August 1-5.

▷7　Murray, L. & Trevarthen, C. (1985) Emotional regulations of interactions between two-month-olds and their mothers. In T. M. Field & N. A. Fox (eds.), *Social perception in infants*. Ablex. 177-197.

▷8　親からネグレクトされた子や，刺激の少ない施設環境で育てられた子どもたちも同様な反応（ホスピタリズム）を示すことが知られている。

▷9　Murray & Trevarthen (1985) 同前書。

な）力をすでに備えていることです。さらに，乳児がその様な生得的な力を備えているということは，人間の発達は，それに応える愛情ある他者の存在を前提として成り立っていることを示唆しています。したがって，乳児が養育者に好意を感じ，健やかに発達をしていくためには，乳児の日常の"おしゃべり"にマッチした陽気で思いやりある眼差しと応答が，養育者から返ってくるような日常であることが重要と言えます。

3 「自分-他者-物」の三項関係の発達

　対人的コミュニケーションは，出生直後から出現し，3カ月頃には，上述のように，親と積極的な関わりを示します。一方，第3章「身体・運動の発達」で見てきたように，生まれて間もなくから，乳児は身の回りの物事に注意，関心を向けますが，最初の数カ月間は物を操作する力は未発達な状態にあります。しかし，4～5カ月頃には，原始反射から随意運動への移行とともに，関心のある方に首を回し，目に入った物に手を伸ばすだけでなく，対象を握ったり，指でつまみ上げたり，口に運んだりするような巧緻性のある行動が出現します。物を机にたたきつけて音を鳴らしたり，たたいたりする筋力も急速に発達していきます。この頃になると，手を道具として使う，意図に基づく操作という課題に挑戦し始め，意図した行為ができると喜び，できないときには不満・不機嫌を示すようになります。このような乳児がもつ物への好奇心に養育者が敏感に応じ，その行為や情動表出にタイミングよく応えることによって，物は他者との関わりのなかに存在するようになっていきます。つまり，物は人と人とのやりとりを媒介する道具となっていくのです。

　6カ月頃におすわりができるようになると，手は，物をつかむだけではなく，表現の道具として養育者の歌や手遊びに応じた動きをすることも可能になり，その楽しみを共有できるようになっていきます。その結果，養育者との間で手や体を揺する，ガラガラを振る，テーブルをたたく，声を出すなどの運動を含んだ，"おきまりの"遊びを楽しむことができるようになります。[10]

II　子どもの発達理解

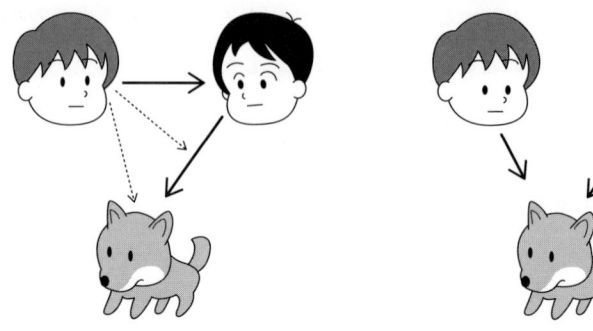

他者の視線をたどる　　　　　　他者の見ている物を同定する

図 8-1　共同注意

注：他者が見ている・指さしている方向をたどって，他者が何に注意を向けているかを同定し，「ああ，これを見ていたのか」と，注視対象，他者の意図を共有する。

　ところで，私たちは揺れる木の枝を目にすると，「今日は，風が強いなあ」と思うだけですが，誰かが枝を揺らしているのを目にした場合には，「何をしているのだろう」とその行為の意図・動機に関心をもちます。このような他者の行為への関心は，生後10カ月前後に，親が視線や指で示した離れたところにある物に注意を向けることから始まります。たとえば，公園で母親が傍らのタンポポに視線を向ける・指をさすと，この頃の子どもは，その視線・方向を伝ってそのタンポポを同定し，次に，母親を見て「見たよ」というように微笑むようになります。さらに，12カ月頃までには，自分が見ている物を母親も見ているか母親の視線をチェックする（視線の見返し）行動も見られるようになります。

　このような「自分‐他者‐物」の関係性は，三項関係と呼ばれ，他者と見る対象を共有することは共同注意と呼ばれます（図8-1）。この共同注意は，視線や指さしで，「これは○○だ」「あれ，取って」と相手にさし示す「宣言的指さし」と，「わぁ，きれいだ」と見つめるような「叙述的指さし」とに分けられます。前者は要求，情報を共有するのに対して，後者は思い・ムードを共有

▷10　第6章 **3** **2**「やりとり遊びと共同注意」(p. 84) も参照。
▷11　大藪　泰・田中みどり・伊藤英夫（編著）(2004) 共同注意の発達と臨床——人間化の原点の究明．川島書店．

するものになります。発達的には宣言的指さしが先行し12カ月以降に叙述的指さしが出現します。共同注意の出現は，このように，他者の意図にマッチした行動を取り，その行為に参加することを可能にします。それだけに，共同注意，とりわけ叙述的指さしの欠如は自閉症診断指標の1つとしても重要なものとなっています。

ところで，この頃はハイハイや伝い歩き，早熟な子では歩行による移動能力も発達し，新奇な物との出会いも増えていきます。その結果，触ってよいものかどうかという判断困難な未知の対象物との遭遇も急増します。このような場合に，乳児は大人の表情を伺い，その好悪反応に従う社会的参照行動も出現します。[12]この現象は，大人の情動表出に子どもが同調するというものです。たとえば，母親がわが子に向けて，「危ない」と恐怖感を表出すると，それを目にした子どもが，その情動に同調して動きを止めるというような場合です。

このようなやりとりを通して，子どもたちは，文化的規範に適った行動形態を相手と共有することができるようになっていきます。この意味で，親しい大人とのやりとりは，単に物への興味，関心を共有するのではなく，子どもたちが，やりとりを大人が期待するように適切に使えるようになるための文化学習であるとも言えます。

④ アタッチメント——親を求め，親から得る安心感

1 アタッチメント理論——なぜ乳児は特定の大人を好むのか

赤ん坊は，親の愛情に包まれて人への基本的信頼感と社会生活に必要な力を発達させていきます。1950年代までは乳児が母親を求め，好意を示すのは，飢えや渇き，睡眠などの基本的ニーズを満たすからだという学習理論に基づく生理的欲求充足説（一次的動因低減説）が主流でした。これに対してボウルビィ

▷12 バターワース, G.・ハリス, M., 村井潤一（監訳）(1997) 発達心理学の基本を学ぶ——人間発達の生物学的・文化的基盤. ミネルヴァ書房.

(Bowlby, J.) は，この説を批判し，アタッチメント理論を提唱しました[13]。彼は，動物行動学者ローレンツ（Lorenz, K. Z.）が発見した「刷り込み」という現象に注目しました。この現象は，主に鳥類の雛が生まれて最初に目にした動く物（本物の親であるか，親に似ているかに関わりなく）の後を追いかけて行くという習性です。また，その対象がいなくなると不安を示す事から，雛は最初に目にしたものを"親"として記憶する習性（刷り込み）を備えていることがわかります。この習性によって，カルガモの親子に見られるように，親の後を子ガモが一列になってついて行くようになり，それによって，より安全に餌場へ移動し，危険から身を守ることができます。つまり，特定の親との結びつきが，雛の安全・安心を担保していると言えます。

一方，動物心理学者ハーロー（Harlow, H. F.）は，生まれてすぐに実の母親から離されたアカゲザルの子ザルに，ミルクのない肌触りのよい布で覆われている代理母と，ミルクを備えた針金製の代理母を与え，子ザルはどちらを好むかを観察しました。結果は，生理的欲求充足説に反して，子ザルはミルクのない布の母親に抱きついたり，傍らにいたりして1日の大半（約18時間）を過ごしました（写真8-1）。さらに，恐怖を与える人形を，突然，ケージのなかに入れると，子ザルは瞬時に布の母親にしがみつき，それによって恐怖が低減すると，次にはその人形に攻撃をし始めることも観察されました。また，初めて広い部屋に入れられた子ザルが不安でうずくまってしまったとき，そこに針金の母親を入れても何の助けになりませんが，布製の母親を入れると，さっとしがみつき，次第に周囲への好奇心を示し，親から離れて探索をしてはまた戻るという行動が観察されました。ハーローは，これらのことから母性とは，生理的欲求を満たすことではなく，「接触の快」という肌の温もりとそれがもたらす安心感であり，母親は子どもが外界を探索する際の「安全基地」として機能していることであると主張しました。また，子ザルにとっては親ザルにしがみ[14]

▷13　数井みゆき・遠藤利彦（編著）（2005）アタッチメント——生涯にわたる絆．ミネルヴァ書房．
▷14　ただし，その後の追跡研究で，布の代理母で育てられた子ザルたちは，多くの社会的不適応を示すことが見つかっている。それは，代理母は，子どもに反応も，働きかけもしないからである。

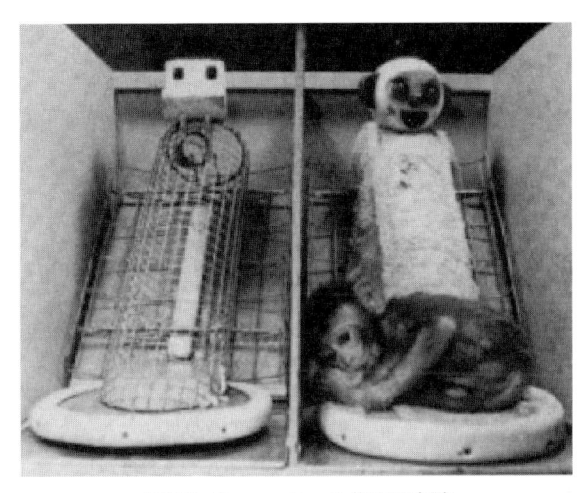

写真8-1 ハーローの代理母実験
注：左は"おっぱい"をもつ針金の代理母。右は"おっぱい"はないが感触のよい代理母。子ザルは感触のよい母を安全・安心の基地とした。
出所：Harlow, H. F. (1958) The nature of love. *American Psychologist*, 13, 673-685.

つくことは捕食者から身を守る唯一の方法であることも，抱きつくことが安心感をもたらす一因と言えます。

　ボウルビィは，これらの研究を参照して，人間の場合には，子どもの泣きや微笑みという独特な情動表出が親の養育行動を誘発し，それによって，子どもは安全・安心感を得られると考えました。彼は，このような養育者からタイミングよく，心地よい応答が返ってくることで築かれる乳児と特定の人との情動的絆を「アタッチメント（愛着）」と呼びました。乳児は，誕生後の数カ月間は誰に対しても情動表出を示しますが，生後半年頃からは母親にのみ選択的に笑うようになり，8カ月不安と呼ばれる「人見知り」が出現すると，知らない人を避け，母親を安全基地として利用するようになっていきます。さらに，1歳前後には，親の後追いや分離不安を示し，再会すると不安が解消されるなどの現象が観察されます。このような行動はアタッチメント行動と呼ばれ，特定の人にアタッチメントを形成したことを示しています。

　しかし，この親との身体的接近を求めるアタッチメント行動は，年齢ととも

に次第に不必要になり，2，3歳頃には親子分離がスムーズにできるようになり，親が不在でも1人で過ごせるようになっていきます。この変化は，安心を得る対象が発達とともに，アタッチメント対象の物理的な存在からその心的イメージに変わっていくことを示しています。つまり，子どもは，次第に，親のイメージ・信頼感とともにあることで安心感を得られるようになっていくのだと考えられます。ボウルビィは，この親との情動的つながりの心的イメージが，出会った人に接近すべきか，その人を信頼すべきかの判定基準（内的作業モデル）として，その後の人生における対人関係や性格形成に影響を与え続けると考えました。たとえば，拒否的な親モデルをもつ子どもでは，保育者・友達への接近を抑制したり，絶えず不安・不信を抱いたりします。しかし，親子関係がベースとなって，そこから仲間関係や他の大人との関係が発達をしていくという考えや，だから，乳幼児期から母親の就労によって保育を受けることは子どもによくないというような考えには，否定的な見解が出されています。[15]

2 ｜ アタッチメントの個人差──円滑な親子関係とは

　ところで，子どもが親から得る安心感の質，つまり，親子アタッチメント関係には個人差のあることがエインズワース（Ainsworth, M. D. S.）が考案した「新奇場面法」から知られています（表8-1）。この測定法では，1歳児と母親が新奇な部屋に招かれ，初対面の女性と出会う，母子分離をする，1人で過ごすなどの一連の短いストレスを経験した後の母親と再会場面で，母親への接近を示すか，再会によって安心感を得ることができるかなどの違いによって，子どもの反応は表8-2に示されている4つのタイプに分けられます。一般的なタイプは，B（アタッチメント安定型）で，親を求め，再会すると喜び，遊びを再開します。他の3タイプは「不安定型」で，アタッチメントが抑制されていたり（Aタイプ），親から安心感を容易には得られないので強く引き出そう

▶15　ハリス，J. R., 石田理恵（訳）（2000）子育ての大誤解──子どもの性格を決定するものは何か．早川書房．
　　大日向雅美（2002）母性愛神話とのたたかい．草土文化．

第8章 親子相互作用とアタッチメント

表8-1 新奇場面法の手順

エピソード1	母・子・実験者	実験者が母子を観察室に案内し，退出する
エピソード2	母・子	子は床に置かれ，母は子に関与しない
エピソード3	初対面の女性・母・子	初対面の女性Aが入室し，母の隣に座って黙っている。1分後，母と話し始める。さらに1分後，子どもに関わる。その間に母は退出する
エピソード4	初対面の女性・子	母子分離場面1：女性Aは，子どもに関わり続ける
エピソード5	母・子	母子再会場面1：母親が戻り，女性Aは退出する。母親は子どもを慰め，遊ばせる。その後，指示に従って母親は「バイバイ」と言って退出する
エピソード6	子	母子分離場面2：子どもは1人，部屋に残される
エピソード7	初対面の女性・子	女性Aが入室し，子どもに関わる
エピソード8	母・子	母子再会場面2：母親が戻り，女性Aは退出する。母親は子どもを慰め，遊ばせる

出所：Ainsworth, M. D. S., Blehar, M. C., Waters, E. & Wall, S. (1978) *Patterns of attachment: A psychological study of the strange situation*. Erlbaum. より作成。

表8-2 アタッチメントタイプ

安定型	1）Bタイプ（安定型）：母親がいれば活発に探索をし，いなくなると分離不安を示すが，再会時，嬉しそうに親を迎え，すぐに回復。安定したアタッチメントが形成されている。全体の2／3の子どもはこのタイプ	
不安定型	2）Aタイプ（回避型）：親との分離で不安や抵抗を示さず，再会時に親に無関心であり，親を無視したり，避けたりする。日本ではまれなタイプ	
	3）Cタイプ（分離抵抗／混乱型）：分離時に激しく抵抗し，再会時にはなかなか機嫌が直らず，回復しない。いわゆる"尾を引く"。日本に多いタイプ	
	4）Dタイプ（無秩序・無方向型）：分離，再会時に接近と回避という矛盾した行為をする（顔をそむけて親に近づく）。不自然で，ぎこちない行動や意図不明な行動をする。被虐待児に少なくない	

出所：数井・遠藤（2005）より作成。

としたり（Cタイプ），あるいは，親にこわごわ接近しつつ回避するという矛盾した行動を取る（Dタイプ）というような子どもたちです。

このような個人差は，親から愛情ある反応を求める子どもの働きかけ（アタッチメント行動）に親がどのように応えるかに依存していることが知られています。たとえば，Bタイプの子どもの親は子どもの要求に敏感に応じて，タイ

ミングよく，適切な反応をします。しかし，Aタイプの子の親は子どものサイン（笑顔，泣き，抱っこ要求）を無視したり，拒否したりします。そのため，子どものアタッチメント表出は無に帰してしまいます。Cタイプの子の親は，子どものサインに敏感ではなく，応じたり，応じなかったり一貫しません。そこで，子どもは，予測できないので，絶えずサインを出し続けなければなりません。Dタイプの子の親は精神的に不安定な側面をもち，突発的に子どもをおびえさせるような行動（虐待）を取ると考えられています。

このように，親の個人差が子どもたちのアタッチメントの個人差を生んでいると言えます。換言すれば，子どもの個人差は，親の応答の仕方の違いに，積極的に適応した結果だといってよいでしょう。

ところで，多くの研究から，乳児期に母親と不安定なアタッチメント関係にあると，その後の保育園・幼稚園，学校への適応や仲間関係の形成に問題をもつことが示されてきました。しかし，子どもがアタッチメント関係を築くのは母親に限りません。とりわけ，父親とのアタッチメント関係の形成は重要と言えます。これまでの研究からは，父親へのアタッチメントは母親よりもいくらか弱いが，安定しているほど父子遊びが盛んになることが知られています。また，父母間で異なるアタッチメント関係にある場合があることも知られています。さらに，祖父母とのアタッチメント形成も観察されています[16]。

同様に，子どもたちは，長時間の親の不在中に関わる保育者とアタッチメント関係を築くことも知られています。「母親-子」と「保育者-園児」とのアタッチメント関係は独立したものであることも認められています。また，初期に出会った保育者との関係が小学校での教師との関係に影響をしていることも見いだされています[17]。このことは，内的作業モデルの形成は，母親だけではなく，このような保育者との出会いによってもあり得ることを示唆しています。つまり，子どもたちは，たとえば，親と子が不安定なアタッチメント関係にあ

---

[16] 数井・遠藤（2005）前掲書.

[17] Howes, C. et al. (1998) Stability and Continuity of Child-Caregiver and Child-Peer Relationships. *Child Development*, **69**, 418-426.

っても保育者とは良好な関係を築けるように，状況や相手によって必要な関係を築ける力を備えているのです。このことは，良好な発達支援によってアタッチメント関係は好転できることを示唆していると考えられます。

5 コンパニオンシップ——親子遊びのなかでの文化学習

親は，養育・保護など，いわばタテの関係に限定をした役割を担っているというとらえ方をされることが少なくありません。たしかに，親は，遊び場面でも，保護者として安全に気を配り，遊びの熟達者として子どもがうまく遊べるような「足場」を提供することが多く見られます。しかし，子どもとのくすぐり合いやコミカルな発声やおもちゃ遊び，「いない，いない，ばあ」などのゲームを観察すると，親自身が"遊び手"として子どもと一緒になって遊びを楽しんでいます。このような同じ活動，感情を共有し，自他一体となって活動に参加する同等な付き合い・交際を共有する人を「コンパニオン」，このヨコの関係を「コンパニオンシップ（仲間性）」と言います。このコンパニオンシップは本章 2 で述べたような発達初期からの親子の情動的相互交流場面での基本的な関係と言えます。なぜなら，日常の親子のやりとりでは，子どもたちが親に期待をするのは，アタッチメントのような保護を求めることよりも，一緒に何かをすること，楽しむこと，すなわち，"仲間"としての同型的な関わりであるコンパニオンシップであることの方がはるかに多いからです。つまり，日常では危険や不快な状況に出会うよりも，親も子も互いにコンパニオンとしてやりとりを楽しむことの方がずっと多いと言えます。

また，たとえば，母親の具合が悪いような時には，幼児でも看病という相手を保護する働きかけをしようとします。ゲームで大人がわざと負けると不愉快

▶18 中野　茂（2005）多面的な親子関係の発達モデルを探る．北海道医療大学心理科学部研究紀要, **1**, 47-66.

▶19 Trevarthen, C. (2001) Intrinsic motives for companionship in understanding. *Infant Mental Health*, **22**, 95-131.

II 子どもの発達理解

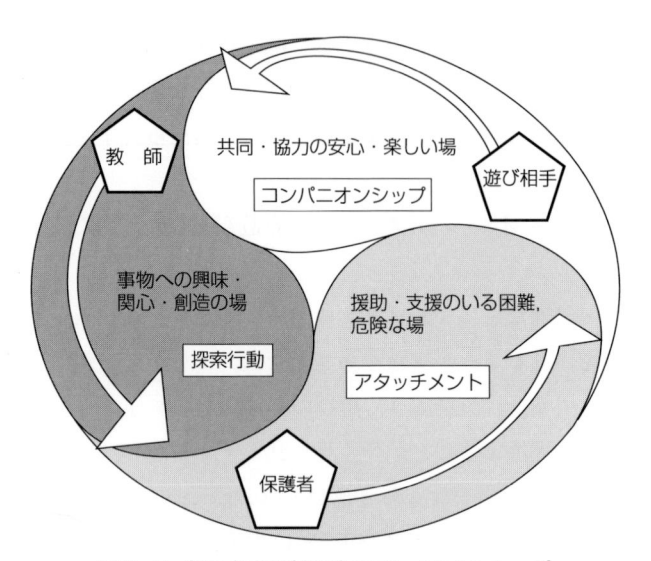

図8-2 親の多重役割期待とコンパニオンシップ
注：子どもは親に，状況によって保護・世話をしてくれる人，遊んでくれる人，教えてくれる人など異なる期待をもつ。したがって，親もまた，状況によって異なる役割を演じることになる。
出所：中野（2005），59．

な表情を見せることもあります。これは，子どもと大人とのヨコの関係が，日常の状況に依存して発達していくことを示しています。

したがって，対人関係の発達とは，タテの関係である依存的なものと，ヨコの関係である対等なものを状況に合わせて峻別し，使い分けられるようになること，つまり不安や不快，恐怖を感じた時には安心感の得られる人へのアタッチメントを築き，遊びや共同体験ではコンパニオンシップを活性化させて共同・協力する力を伸ばしていくことと考えられます（図8-2）。一方で，子どもと関わる人々もまた，その状況に応じて，保護者であり，遊び相手であり，教師でもある多重な役割を交差的に切り替えることによって，このような多面的対人関係発達は達成されていきます。

ところで，アタッチメント理論では，子どもは安心感を得られれば親を安全基地として自力で周囲の探索や新しいことに挑戦をすると仮定しています。しかし，親子が一緒にいる場面では，子どもの新しいことへの挑戦は，愛情ある

親との協力のもとで進められるはずです。また，子どもが経験する喜びや発見は，それを一緒に体験している人（コンパニオン）と共有されることによって，より有意味なものになり，より強く動機づけられます。たとえば，独自ではリズムを取れない乳児が，母親の手遊び歌と手の動きに合わせて手を動かし，発声をする場合を考えると，母親が子どもの行動を形成するのではなく，一緒に手遊びを楽しむという経験の共有，すなわち，コンパニオンシップが，次には，自分からリズムを取ろうという動機を喚起し，発達を築いていくと言えます。つまり，コンパニオンシップが次には自分でできるようになりたいという動機を生み出すのです。この意味で，親とは，「共通体験を共有する人」であり，その共通体験のなかで社会的に望ましい行動モデルを演じることで子どもたちに文化学習の機会を提供する人だと言えます。

このように，親しい人間との関係性形成とその共同志向がもたらす情動体験は，まさに子どもを社会のなかに取り込んでいくためのもっとも有効な動機づけとして機能しているものと考えられるのです。コンパニオンシップは親との間にのみ生じるものではなく，祖父母や保育者，近隣の人々など，その子に親しみを示す誰とでも成立するものです。この意味で，コンパニオンシップは社会文化的価値の伝達の場である保育の基本的な概念と言えるでしょう。

本章のまとめ

子どもが，社会的存在として人間社会のなかで発達をしていくためには，社会的コミュニケーション力が不可欠です。同時に，それらを実践するためには，相手となり，支えてくれる安定した人間関係が必要です。そのような対人関係の基盤となるのが，アタッチメントとコンパニオンシップです。

第 9 章

対人関係の成り立ちと道徳性

> ポイント
> 1 道徳性の発達段階に応じて見られる，様々な行動特徴を理解する。
> 2 幼児期における道徳性の芽生えと言える感情や行動を理解する。
> 3 子どもの望ましい行動を形成するための大人の役割を理解する。

　発達初期の他者との安定した関係性形成は，後の社会的行動の獲得にとって重要となります。当然のことながら，このような関係性は人と人との間につくり出されるものであり，その意味では，人と人とのある種の約束事が必要となってきます。このような約束事のもっとも明確なものが法律ということになりますが，これほど明確な約束事ではなくても私たちは明示的・暗示的な約束事のなかで生活しています。もちろん保育所における子どもたちの関係性は大人ほど約束事がはっきりしているわけではありません。しかし，よく見てみると，人として（子どもとして）の望ましい行動についての約束事が存在しており，子ども同士のなかでも約束事は存在しています。また，保育者や養育者はある時ははっきりと，ある時は暗黙のうちに約束事を子どもに伝えようとしています。このように，善悪に関してある集団がもっている枠組みは大きな意味での道徳性と言えるでしょう。この枠組みに従って，ある行動が，「よい」のか「よくない」のかが判断されるのです。

　道徳性は，ある文化における人としての行動のモデルと考えることができますが，これは社会的な相互作用のなかでつくられていくと言えます。つまり，子どもは大人の背中を見て育っていくと言われるように，行動のモデルは子どものなかに生まれながらに存在しているものではなさそうです。ですから，ある文化では「よい」とされる行動が，別の文化では「よくない」とされることが起こりうるのです。しかし多くの社会では人に優しく，正しいことをする，

いわゆる「よい子」を育てることが賞賛されており、そのような子どもを育てることが、多くの文化において1つの大きな目標となっているのです。

本章では、道徳性の発達段階について学んだ後、保育現場における子どもたちの社会性について考えていくことにします。

1　道徳性の発達理論

幼児期の社会的関係性は、自己中心的な心性によって特徴づけられており、幼児期の社会的行動にもこのことが反映されています。幼児期ではそれまでの一人遊びとは異なり、仲間と遊べるようになります。そこでは、依存行動や協力行動が見られ、関係性のルールが形成されることになります。この過程において、して「よい」ことと「わるい」ことの区別がより明確になってくると考えられるのです。このような善悪の判断は、幼児期では主に親や先生などの大人からの賞罰によって形成されるのですが、児童期になると大人の判断の敷き写しから、自分自身の判断が重要視されるようになります。また、結果がよくても、動機が悪いとよくないという判断がはっきりとできるようになります。

このように仲間関係が形成され始める幼児期において、して「よい」ことと「わるい」ことの区別を習得させることは、後の社会性発達にとっても重要であると考えられます。

1 ピアジェの道徳性発達の考え方

道徳性について最初に心理学的研究を行ったのはピアジェ（Piajet, J.）であり、彼は道徳性を、規則（ルール）との関係からとらえました。[1] 彼は、自分の行動を制限している規則をどのように考えるかという視点から、道徳性を2つの段階に分けて考えています（表9-1）。最初の段階は「他律の道徳」と呼ばれます。この段階の子どもたちは規則を絶対的なものであるととらえ、変更不

▶1　ピアジェ, J., 大伴　茂（訳）(1968) 児童道徳判断の発達. 同文書院.

表9-1 ピアジェによる道徳的判断の段階

	他律の道徳	自律の道徳
規則	規則は神聖なもので、変えることはできない	合法的手続きで、同意によって規則は変えられる
責任性	行為の結果に基づいて判断する：客観的（結果論的）判断	行為の意図・動機に基づいて判断する：主観的（動機論的）判断

出所：二宮（1984），二宮（1985）より作成。

可能であると考えています。その次の段階である「自律の道徳」の段階になると、自分を規制している規則も、周囲の同意によって変えることができるのだと考えるようになります。このような、規則の可変性が出現するのはおおよそ10歳ぐらいであると考えられています。この2つの段階では、規則のとらえ方が異なるばかりではなく、善悪の判断材料が異なってきます。最初の他律の道徳の段階の子どもたちは、まだ結果によってしか行為を判断するしかできません。悪いものは悪いと考えるのです。融通がきかないということかもしれません。しかし、自律の道徳の段階になると、「結果がよくなくても意図や動機がよければ、その行動が許されることもある」と、文脈を考慮して行為の善悪を判断することができるようになるのです。つまり、まだ他律の道徳の段階である幼児たちは、たとえ自分のために友達が何かをしてくれたとしても、その行動が失敗してしまった場合は友達の意図を考えることはできずに結果だけを見てしまうのです。ですから、結果だけを見て、その友達を非難するかもしれません。次の、自律の道徳の段階になってようやく、友達が何をしようとして、その行動をしたのか、してくれていたのかという意図や動機に注意を向けることができるようになるのです。

▷2 二宮克美（1984）道徳性の発達．日本児童研究所（編）児童心理学の進歩26．金子書房，73-101．
二宮克美（1985）児童の道徳的判断に関する研究展望（1）．愛知学院大学論叢 一般教育研究，**33**(1)，27-41．

2 コールバーグの道徳性発達の考え方

　ピアジェの理論を発展させたコールバーグ（Kohlberg, L.）は，認知発達の研究者でした。彼が，最初に子どもの道徳性の発達研究を始めた頃の多くの考え方は，フロイト（Freud, S.）やスキナー（Skinner, B. F.）の理論のように，子どもたちは他の人からの圧力がある場合にだけ道徳的に行動するのだというものでした。彼は，この考え方を否定し，子どもは様々な状況において，起きた事柄についての過程を注意深く考えることができ，何が「よくて」何が「悪いのか」についての自分自身の基準を形成するのだという考え方を展開しました。彼は，道徳的な判断を含む問題で，人々がどのように矛盾するジレンマを分析して解決しているのかという視点からこの問題に取り組み，ジレンマに対する反応を分析して，道徳的判断についての3水準6段階の発達段階を示しました[4]（表9-2）。

　コールバーグによると，道徳的判断は，前慣習的水準から始まるとされています。ここでの道徳的判断の根拠となる理由は，罪への恐れや自分の損得など，直接的な関係性となっています。これは，「怒られるからしない」のだという，規則や権威への服従状態であると言えます。このような行動は幼児期においても見られますが，多くは小学校段階で観察されます。中学校段階で観察されることもあるとされています。

　次の慣習的水準の段階になると，周囲からどのように思われるかを考慮できるようになりますが，周囲の人との人間関係がうまくいき，社会的ルールを守っていればそれが正しいと考えて物事を判断するという特徴をもっています。このような行動は，小学校高学年や中学校で観察されることもありますが，多くは高等学校相当の年齢において観察されます。段階4は高等学校になるまで見られないとされています。

▷3　McDevitt, T. M. & Ormrod, J. E.（2010）Child development and education. *Pearson International Edition*（4th ed.）. Pearson Education/Merrill, 518.
▷4　Kohlberg, L.（1984）*The Psychology of Moral Development*. Harper and Raw.

II 子どもの発達理解

表9-2 コールバーグの道徳性発達段階

水準	段階	年齢範囲
前慣習的	段階0 　自己欲求希求志向	未就学児，ほとんどの小学生，半数程度の中学生，少数の高校生
	段階1 　罰回避・従順志向 　他律的道徳性	
	段階2 　道具的互恵主義志向 　素朴な自己本意志向	
慣習的	段階3 　「よい子」志向	少数の小学生（高学年），半数程度の中学生，多くの高校生（段階4は高校生までにはほとんど見られない）
	段階4 　法と秩序の維持志向	
脱慣習的	段階5 　人間としての権利と公益の道徳性 　社会的契約，法律尊重	大学生までにはほとんど見られない（段階6は大人でさえも非常にまれ）
	段階6 　普遍的な倫理的原則	

出所：岩佐（1992），荒木（1990），McDevitt & Ormrod（2010）より作成。

　最後の脱慣習的水準になると，社会や周囲からどう見られるかということ以上に，自分自身の良心に従っているかに行動判断の重点が置かれます。また，社会的ルールが間違っていると思われる場合には，自分自身の良心・正義・人間の尊厳などをふまえて自己判断し行動できるようになるのです。段階5では社会的利益のために合意があれば法律を変えることもできると考え，個人の権利や個人の良心は組織の円滑な運営と同等に扱われますが，段階5は大学生までに観察されることはほとんどありません。最後の段階6になると，すべての人の権利や価値を平等に尊重する人間尊重の考え方が基準となるので，すべての人が他者の立場を考えて決定がなされることになるのですが，段階6は現実場面とは遊離している可能性も指摘されています。

3 | それぞれの発達段階で見られる行動

　道徳的な判断は，仲間関係や学校での生活に適応していくために必須のものと言えます。荒木を参考に段階0〜段階4までの子どもたちの具体的な行動について見ていくことにします（表9-3）。

　段階0は自己の欲求が充足できたかどうかが善悪の判断となります。この段階では，自分が好きなお菓子を食べることはよいことであると判断するのです。ここには他者の視点は見られません。段階1になると他者の視点が入ってきますが，罰回避的と表現されているように，お母さんが怒るから何かをするというように，その基準は「叱られない」ということになります。段階2は，自分にとって損か得かが善悪判断の基準となります。この段階では，子どもは他の子どもも，ほしい物があることに気づきます。「君がくれるなら，ぼくのものをあげるよ。」というように，よいか悪いかは，結果が自分にとってどうなのか，という視点からのものになります。段階3になると，自分の周りによい人間関係が維持できるように気配りし，良心や罪悪感が生まれてきます。ルールを守るのは罰が怖いからではなく，みんなに期待されるのが喜びとなるからなのです。日本では小学生で段階2が，中学生では段階3が多くなるとされています。段階4では，社会の秩序や法律を守ることが正しさの基準となりますが，それは単に周りの人の期待に沿えばよいというのではなく，社会のための義務を果たすことに喜びを感じるのです。

4 | 道徳性と社会環境

　これらのピアジェやコールバーグの道徳性の発達段階は，心理学の分野だけ

▷5　岩佐信道（1992）認知的発達理論──コールバーグ．日本道徳性心理学研究会（編著）道徳性心理学──道徳教育のための心理学．北大路書房，47-114.
　　荒木紀幸（1990）ジレンマ資料による道徳授業改革──コールバーグ理論からの提案．明治図書，45-48.
▷6　荒木紀幸（1997）続　道徳教育はこうすればおもしろい──コールバーグ理論の発展とモラルジレンマ授業．北大路書房，128-133, 148-149.

II 子どもの発達理解

表9-3 コールバーグの道徳性発達段階の特徴と具体的な行動

段階	一般的特徴	具体的な行動
段階0	自己中心的	・正しいとか，よいというのは，自分の欲求や目的が自分の思い通りになることである ・自他の違いはわかるが，自己と他者それぞれのものの見方を区別できない ・思い通りにならないと，嘘をついたり，不正をしたりして，とにかく思いを通そうとする
段階1	大人に無条件の服従	・先生や親から叱られないように，大人の言う通りにすることが正しいことであり，よいことである ・人それぞれ感じ方が違っていることを理解できるが，自分の気持ちと相手の気持ちを同時にもてない。権威者もしくは自分の考えが正しいという1つの視点しかとれない
段階2	利己主義	・平等意識が強い ・子どもと大人，子ども同士の関係を一種の取引（give-and-takeの関係）と考える（「〜してくれたら，〜してあげる」「それをしてどんな得があるの」）
段階3	利他主義	・「よい子」のイメージ（期待され，信頼される人間とは，よい動機，よい意図をもち，まわりとのよい人間関係を保つことを心がけ，他人に気配りし，他人の期待にあった振る舞いができる人物）に従って行動する ・個人的な人間関係のなかで道徳性が問題とされる。「これをすれば，他の人は自分のことをなんと思うだろうか」と他人の目が気になる
段階4	社会システムの維持	・社会的な関係のなかでの道徳性が問題とされる。「みんなが同じことをしだしたら，世のなかはどうなるだろうか」と組織のなかで自分の行為が他の人にどのような影響を与えるかの問いかけができる ・正しさの基準は，社会的な組織の一員としての社会の秩序や法律を守ることである

出所：荒木（1997）より抜粋。

ではなく教育現場においても長期間にわたって活用され続けています。しかしながら，コーエン（Cohen, D.）は高度な論理的思考ができた有名な数学者などが必ずしも道徳的ではなかったことをあげ，認知発達を基本としたこれらの発達段階の考えだけでは，道徳性の向上の説明が不十分であるため，更なる研究が必要であることを指摘しています。コーエンはイギリスでの非行の若年齢化

▷ 7　Cohen, D.（2002）*How the child's mind develops*. Routledge, 73-86.

に言及し，子どものテレビの視聴時間の増加から親の離婚経験まで，実に様々な社会的な要因が，道徳性の発達に影響をおよぼしていると述べています。社会的な環境を抜きにして，子どもの認知発達や子ども自身の問題だけで道徳性を考えることは困難なのです。

② 保育場面で見られる道徳性の萌芽

幼児期になると子どもたちは，人と人とのなかで生きることを学び始めます。自分を取り巻く社会的環境のなかには，自分が気づいていないルールがあり，そのルールに従うことが求められていて，自分の意思を抑えて我慢することも必要であることを学ぶのです。相手と折り合いをつけるという，まさに社会的な行動が形成されるのです。では，保育現場においては，道徳的な意識と行動をどのように形成すればよいのでしょうか。

1 │ 自己主張と自己抑制 ── けんかから学ぶ

実際の人間関係においては，交通ルールのようにいつも同じことをしてルールさえ守っていけばよい関係がつくれるというわけではありません。自らの考えを積極的に表現する「自己主張」が必要な場面もあれば，相手の立場を考えて自分の欲求を抑える「自己抑制」が必要な場面もあります。順番に並ぶ，1つの物を分ける，我慢するなどの様々な場面で自己主張と自己抑制は子どものこころのなかでせめぎ合っています。また，「順番に並ぶ」という同じように見える場面であったとしても，まったく同じ状況に置かれることはなく，子どもはその時々でゆずったりゆずられたりしながら生活しています。このため，ただ単に同じことをすればよいという訳ではないので，どのような時にどのようにするべきかを子どもに教えるのは難しくなります。

保育場面のなかで，自己主張と自己抑制がもっとも明確となるのは「けんか」ではないでしょうか。けんかの指導に関する心構えについて藤原は，表9-4のように述べています。そのなかでは，けんかを無条件に禁止したり，形

表 9-4 けんか場面での指導法

適切ではない指導	改良点
けんかを無条件に禁止	何が原因でどのような経過をたどって，どのような方法でけんかしたかを明らかにし，実情に即して指導する
けんか両成敗的な，形式的な扱い	子どもがどのように自己主張し，どのように食い違ったのか，また，自己主張は適切であったのかなどを慎重に検討しなくてはならない
けんかの形態を吟味しない	自分の仲よしがけんかをしていて原因も考えずに加担したり，石を投げるなどの危険な方法を採用している場合には，十分注意をする必要がある

出所：藤原（1969）の指導法より抜粋し，表に改変。

式的に両成敗としたり，けんかの形態を理解しない指導などは適切ではないとされています。さらに，けんかを通して，自分の主張をどのように相手に理解してもらうかということや，相手と主張が一致しない時にどのように処理するかなどの，自己主張の方法を子どもに学習させることが大切であると述べられています。このように，けんかは子どもが自己主張や自己抑制を学ぶよい機会となります。ですから，ただ単に「けんかをしてはいけない」「どんな理由があろうとも2人ともが悪い」などという表面的な指導では，子どもは自分の主張と相手の主張の違いや自分の主張が伝わらなかった理由がわからないまま，ことがおさまっていくことになります。また，自分が何をどこまで我慢したら相手の主張と折り合いをつけられたのかということを，実感することもできません。けんかが起きたら，子どもが自己主張や自己抑制を学ぶチャンスであるととらえられます。

2 愛他的行動の芽生え——人の役に立ちたい気持ち

道徳性という善悪判断の枠組みは，円滑な対人的関係を形成し，社会を維持していくための重要な働きをしています。望ましい行動の形成は社会の目標でもあるのですが，どのようにそれを促進すればよいのでしょうか。

▷8 藤原喜悦（1969）けんかと適応指導．児童心理23巻8号（特集「けんか」の教育）．金子書房，24-30.

子ども同士のなかで生じる，他者に対する寛容さや同情の表現，不公平さへの表現，援助的な行動や自分のもっている物を共有したり与えたりするというような行動は，愛他的な行動と言われます。愛他性とは，他者の利益のための行動を，自分自身に対する外的報酬を期待することなく，自発的かつ意図的に行うことと考えられます。このような自発的な他者への援助行動は，他者の置かれた状況を分析する認知的能力と，他者の感情に対する共感性の上に成り立っています。ですから，愛他的行動は自己中心的行動，利己的行動の後に発達し，他者のこころを理解することができるようになるにつれて発達すると考えられるのです。

子どもがつくり出す相互作用においては，環境からの応答性が重要となります。ほめるという行動は，この応答性において，社会的な報酬として機能し，行動の善悪についての情報を与えると同時に，行動の再現をうながす原動力となるのです。

3 | よいところを伸ばす──ほめ方上手

人助けなどの愛他的行動をする子どもに対してどのようなほめ方をしたら，子どもは「またしよう」と思うのでしょうか。ある行動に対してある反応を維持して強めることを心理学では強化すると言います。そして，その時の報酬を強化子と言います。つまり，また人助けをしようと子どもが思えた場合，「人助け」という行動が強化されたと言え，「またしよう」と子どもが思った理由が「お母さんにほめられたから」であるとすると，お母さんからの賞賛が強化子の役割を果たしたと言えます。また，この場合の強化子のような，ほめ言葉や賞賛や注目は，社会的強化子と呼ばれます。

それでは，どのようなほめ方が子どもの行動の強化子となるのでしょうか。柏木は6～10歳の子どもに対する愛他的行動の訓練を行ったミドルスキーとブライアン（Midlarsky & Bryan）の実験を紹介しています。この実験では，「自

▷9　柏木惠子（1983）子どもの「自己」の発達．東京大学出版会，269-270．

分がほしいものを我慢してかわいそうな子に寄付する」という愛他的行動をした子どもに対して，実験者が，抱きしめたり，言葉で喜びを示したりするのですが，3年生（8～9歳）や4年生（9～10歳）の子どもでは，実験者に何もされなくても訓練後にかなりの愛他的行動を示しました。しかし，年少になるにつれて実験者に何もされなければ愛他的行動は少なくなり，最年少の1年生（6～7歳）では，言葉で喜びを示され，なおかつ抱きしめられるという両方をされた子どもの場合にだけ効果が上がりました。

　このことから言えることは，幼い子どもの場合，「えらかったね」という言葉がけだけでは大人にほめられていることがあまり伝わっていない可能性があるということです。ですから大人は，伸ばしたい行動を見つけたときは，片手間にほめるのではなく，言葉と行動の両方で喜びを表現することが大切であると言えます。どのようなほめ方をしても「幼い子どもだからわからない」のではなく「幼い子どもほど敏感に感じている」のだと言えるでしょう。このような感情的なつながりのなかで，愛他的行動という人間社会がもっている特徴が形成されていくのだと考えられます。社会のなかで生きるということは，自分だけが生きるのではなく，人もみな生きているということに他なりません。自己と他者の関係性がおりなす社会のなかに子どもたちを巣立たせるとき，このような愛他的行動が定着していることが望まれるのではないでしょうか。

4│モデリング――まねをする子どもたち

　これまで，社会的に望ましい行動の形成について述べてきましたが，子どもが直接的に経験しなくても望ましい行動が形成されることがあります。私たちは何か新しい行動を獲得するときに，自分自身の経験や失敗によってのみ行動ができるようになるのではありません。他の人の行動を観察する経験によっても新しい行動を獲得することができます。このようにモデル（手本）を観察することにより観察者の行動が変化することを，バンデューラ（Bandura, A.）はモデリングと呼びました。ここで，モデルとなるものは実際の人間であるとは限りません。ほかにも，漫画やアニメ，テレビの登場人物などの場合でもモデ

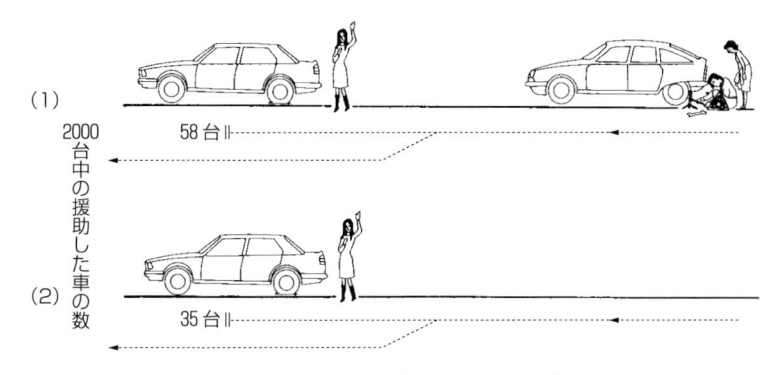

第 9 章　対人関係の成り立ちと道徳性

図 9-1　モデリングされる人助け行動

出所：高尾（2001）より。

リングは起こります。興味深いことに，私たちは人助けなどの行動に対してもモデリングを行いますが，攻撃行動などの社会的に不適切な行動の場合にもモデリングをしてしまうのです。ここでは2つの研究を取り上げて見てみたいと思います。

1つ目は，人助け行動がモデリングされるというものです[10]。これは，車がパンクして援助を求めている人に対して，どのくらいの人数が援助をしたのかを調べたものです（図9-1）。(1)のように，400m手前で同じようにパンクしている車に対して誰かが援助しているのを見た人々の方が，(2)のように何も見なかった人々よりも援助しやすいことが示されています。つまり，人助けをしている場面を見た人の方が，同じように人助けをしやすいということが明らかになっています。

援助的な行動ではなく，攻撃行動についてもモデリングがなされるという研究もなされています。バンデューラは，35カ月から69カ月（平均52カ月）の男女48人ずつに対して，子どもたちがどのようなモデルの時にモデルのまねをして攻撃行動をするかについて，攻撃行動に5段階でポイントを付けて測定するという実験を行いました[11]（図9-2）。図の一番右端の統制群とは，何もモデ

---

[10] 高尾　正（2001）良い子，悪い子，普通の子——道徳性と向社会的行動の発達．川島一夫（編著）図で読む心理学　発達　改訂版．福村出版，159-170．

133

Ⅱ　子どもの発達理解

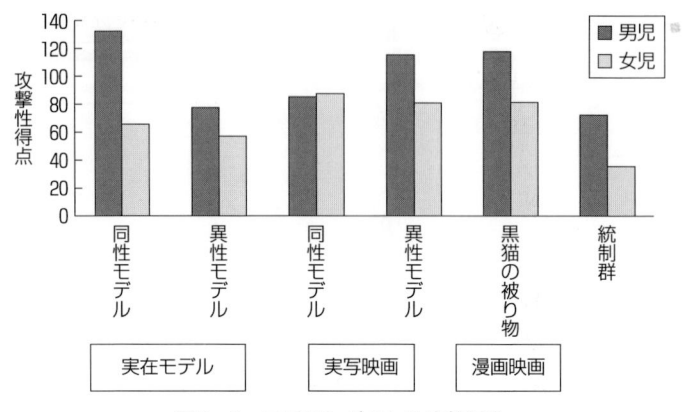

図9-2　モデリングされる攻撃行動
出所：Bandura, Ross & Ross（1963）より作成。

がなかった群です。それに比べて、モデルが攻撃行動をしているのを見た群の方が、攻撃行動が多くなっています。しかも、実際の人間（実在モデル）が目の前で見せるだけではなく、人間や黒猫漫画の映画（実写映画・漫画映画）で見たモデルであっても、その行動がモデリングされることがわかりました。また、男児では同性の実在モデルをモデリングする傾向が強い一方、女児では実在のモデルよりも映画や漫画映画のモデルを見た方が攻撃行動が増加していることが示されており、この実験からは男女差が見られることが示されました。

このようなモデリング行動には4つの過程が必要であるとされています。まず、モデルとなる対象が、子どもの注意をひく過程、第2にモデルの行動を子どもが記憶として保持しておく過程、第3に保持している行動を行為として再生する過程、そして最後に、このような運動再生できる行為を実際に実行したいと思う動機づけの過程です。これらの過程がそろったときにモデリングが起きると考えられています。

このように、社会的行動も非社会的行動もモデリングされることから、大人が知らないうちに、子どもは大人の行動をまねていると考えられます。私たち

▷11　Bandura, A., Ross, D. & Ross, S. A.（1963）Imitation of Film-Mediated Aggressive Models. *Journal of Abnormal and Social Psychology*, **66**(1), 3-11.

大人が道端で困っている人を助ける姿も，ごみをポイ捨てしている姿も，気づかないうちに子どもに見られているかもしれません。子どもの社会性を議論するときには，大人の社会性も振り返る必要がありそうです。

> **本章のまとめ**
> 　本章では，実生活における子どもの社会的行動について検討を加えました。ルールの遵守と優しさをどのようにつくり出すのか，また養育者の立ち居振る舞いがなぜ重要なのかについて考えてみることは，保育実践者にとっても大切な視点であると考えられます。

Ⅲ　保育実践に向けて

　これまで種々の機能の発達的変化について，その過程と発達段階における特徴を見てきました。では，これらは実際の保育場面ではどのように活かされているのでしょうか。ここでは，保育実践の場や，演習授業において，これまで学んできた知見を活かすための視点を学習します。

第10章
基本的生活習慣の獲得

> **ポイント**
> 1 基本的生活習慣を獲得・形成する目的を理解する。
> 2 基本的生活習慣の5領域について、各領域での習慣形成とその留意点を学ぶ。

1　基本的生活習慣とは

　文部科学省は2010年に「子どもの生活習慣づくりに関する家庭や企業の認識度および課題分析調査」を実施し、報告しています[1]。そのなかでは、生活習慣づくりに関する家庭の役割や、「早寝早起き朝ごはん」などの国民運動に対する意識などが調査されています。興味深いことに、子どもの生活習慣づくりと、親の意識が関係していることが報告されています。生活習慣づくりの基盤は、家庭にあると思われるのですが、乳幼児期の子どもが過ごす生活の場として、保育現場の寄与も大きいと考えられます。ここでは、このような基本的な生活習慣について見てみることにします。

　幼児期前期は、大人の側からは、いわゆる第一反抗期とも呼ばれますが、子どもから見ると自己の存在を主張し自律を示す時期でもあります。そのため、自分の能力では目的を成就することが不可能と考えられる行為であっても、子どもの遂行意欲は強く、一見無謀と思われるような行為がなされることもあります。実は、このような養育者とのやりとりの過程のなかで、社会集団のルー

▶1　文部科学省（2010）子どもの生活習慣づくりに関する家庭や企業の認識度及び課題分析調査報告書　http://www.mext.go.jp/a_menu/shougai/asagohan/1309280.htm（2013年1月10日閲覧）.

ルさらには倫理観が習得され，社会的スキルを獲得し，他者との関係を円滑にして生活を行うための方法を習得するのです。このように子どもは，日常生活についての身辺の基本的な約束事や習慣を獲得・形成していきます。その行動様式を基本的生活習慣と呼ぶのです。

このような生活習慣には，食事，睡眠，排泄，着脱衣，清潔などが含まれています。これらは，子どもが自立し，社会のなかで適応的に生活していくための必須のものでもあるのです。この習慣を子どもが獲得・形成するための目的には，次の3点があります。①社会生活からの要請による文化適応を行い，社会集団の成員として，所属する集団（社会）の行動様式を取得していくこと。②生理的な生活を整え，健康状態を維持し，心身の調和的な成長・発達を遂げ，生命の維持を図ること。③独立したひとりとして，自己に関わる身辺の行動を行うこと。つまり個人として自律的な意志をもって，他者の世話にならずに独立した個人としての行動（自立的行動）を行うこと。これらにより，社会的人間としての基礎を身につけるのです。そして，このような基本的な生活習慣は，幼児期から主に形成されるのです。

幼児期が発達心理学の領域においてもっとも変化が大きく，後の発達に影響するということはこれまでも述べてきたとおりですが，エリクソン（Erikson, E. H.）がこの時期を「自律性を獲得し，疑惑及び羞恥心と戦う」段階であるとしているように，生活習慣の形成過程が幼児期の発達と密接に関係していることも事実です。

日本においても，このような生活習慣形成に関する研究は古くからなされていて，すでに1938年には，山下が，日本独自の基本的生活習慣の発達基準を設けています。もちろん生活習慣は文化や時代性が反映されているので，時代と

▷2　山下俊郎（1936）幼児に於ける基本的習慣の研究（第一報告）第1部　食事の習慣．教育4(4)．岩波書店．
　　山下俊郎（1937）幼児に於ける基本的習慣の研究（第二報告）第2部　睡眠の習慣．教育5(1)．岩波書店．
　　山下俊郎（1938）幼児に於ける基本的習慣の研究（第三報告）第3部　排泄の習慣．教育6(9)．岩波書店．

ともに変化するのですが，それらが子どもの社会適応と密接に関係しているという点では，昔も今も変わらないと言えます。このような生活習慣を発達検査のなかに示したものとしては，津守らによる「乳幼児精神発達診断法」などがあります。[3]

② 基本的生活習慣の獲得・形成とその援助

以下では，領域別に，基本的生活習慣の獲得過程について見ていきます。

1 食　事

この領域での習慣形成は，乳児期の授乳，離乳期を経て，成人と同様に食事の摂取を開始する前後から始まることになります。この時期についてエリクソンは子どもと母親との授乳などの行為を通して，他者との信頼関係を形成するもっとも重要な時期であると考えています。

この領域の課題は，①離乳を中心とする，食べ物の切り替えに適応すること，②食器の使い方を習得し，周りの者の手を借りないで自ら食事を摂ることおよび食事作法を修得すること，③食べ物の好き嫌いをなくし，年齢段階に応じた適切な間食をとること，の3点になります。[4]

乳汁摂取に関して言うと，離乳（乳離れ，卒乳）は1歳～1歳6カ月頃，離乳食開始は6カ月前後，成人と同じご飯は11カ月～1歳6カ月頃から開始されることが多いようです。ただし授乳期間の終了には定説はなく，栄養摂取量がその基準とされることがあります。授乳期間は短期間化への傾向が見られましたが，母子接触の重要性が明らかになるにつれて，母乳哺育が奨励されるようになっています。

▷3　津守　真・稲毛教子（1961）乳幼児精神発達診断法 0才～3才まで．大日本図書．
　　津守　真・磯部景子（1965）乳幼児精神発達診断法 3才～7才まで．大日本図書．
▷4　西本　脩（1965）幼児における基本的生活習慣の自立の年齢基準．大阪樟蔭女子大学論集　第3号，42-78．

Ⅲ　保育実践に向けて

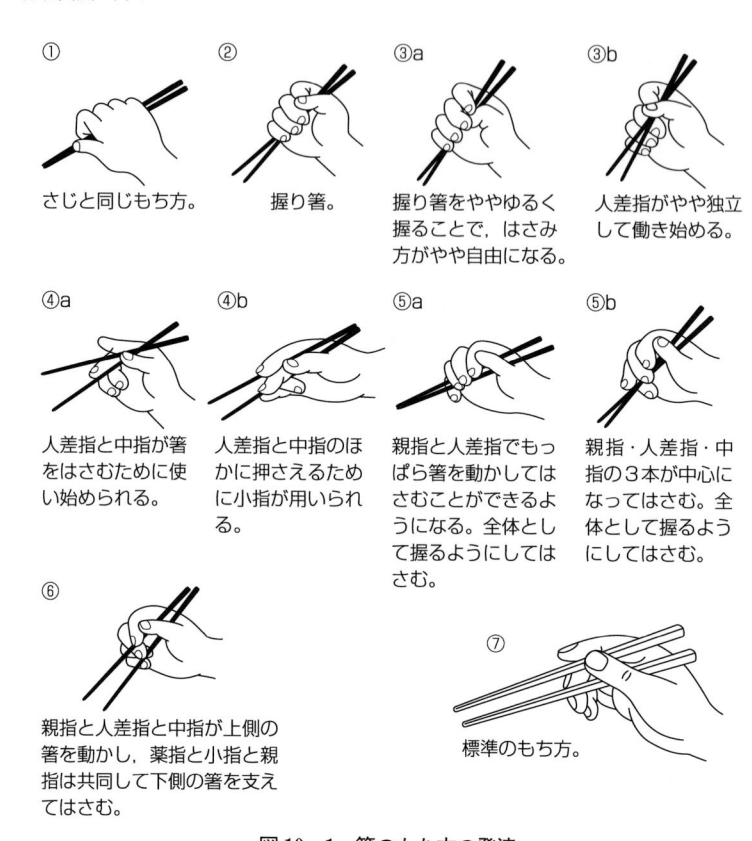

① さじと同じもち方。
② 握り箸。
③a 握り箸をややゆるく握ることで，はさみ方がやや自由になる。
③b 人差指がやや独立して働き始める。
④a 人差指と中指が箸をはさむために使い始められる。
④b 人差指と中指のほかに押さえるために小指が用いられる。
⑤a 親指と人差指でもっぱら箸を動かしてはさむことができるようになる。全体として握るようにしてはさむ。
⑤b 親指・人差指・中指の3本が中心になってはさむ。全体として握るようにしてはさむ。
⑥ 親指と人差指と中指が上側の箸を動かし，薬指と小指と親指は共同して下側の箸を支えてはさむ。
⑦ 標準のもち方。

図10-1　箸のもち方の発達

出所：一色八郎（1998）箸の文化史．御茶の水書房，215．

　1歳になると自らコップ（茶碗）をもって飲んだり，スプーンを使って食べたりすることができるようになります。3歳頃には箸を使用し，こぼさずに食べ自立が達成されることになります。ただ，皆さんも経験されているように，「箸の正しいもち方」については，種々の報告から児童期以降でも成就されにくいことが報告されるようになっています。谷田貝はこの原因として，次世代への箸の正しい使用の伝達が困難になっているのではないかとしています。箸

▷5　谷田貝公昭（1985）箸の正しい持ち方・使い方の実態に関する調査研究．家庭教育研究所紀要，**6**，25-33．

のもち方の発達過程が図10-1に示されています。

2 日内周期と睡眠

　私たちは睡眠と覚醒のリズムをもっています。摂食行動についても，誕生後の約3時間ごとの授乳から朝昼晩という3食に移行していきます。このように，一日のなかのリズムは，日内周期と言われ，私たちの基本的習慣のなかでも重要なものとなります。リズムの崩れが，心身の健康に与える影響については言うまでもないでしょう。このなかでも睡眠は健康維持とともに，睡眠中につくられる成長ホルモンの存在とあいまって，乳幼児期から青年期にかけてもっとも重要な要因であると言えます。

　幼児期の睡眠を考えるときには，①寝つき（就寝形態），②生活時間との関連での睡眠時間，③就寝前のひとつながりの準備行動，の3点が重要となります。

　就寝形態では，2歳までは添い寝を必要とする子どもが多いのですが，3歳半～4歳頃には誰もそばにいなくても就寝するようになります。「添い寝の終期」は，1963年の西本の調査の時期にもっとも早い終期を記録した以降は遅滞化しています。この要因の1つとして西本の調査が実施された高度経済成長期に個人重視の欧米型育児様式が流行し，親子別室を手本とした時期があったためかもしれません。1980年代以降では，添い寝は親子の安定した愛着や信頼などの親子関係形成のための有効な手段であるというような考え方にもより，添い寝をするなどの，これまでの伝統的な育児様式が見直されています。

　②の睡眠時間は，睡眠のリズムとも関係してきます。私たちは大きく1日を3つに分けたようなリズムで活動しています。その内の8時間はおおむね睡眠時間となっています。睡眠にはよく知られているように，レム（rapid eye movement: REM）睡眠とノンレム（non REM）睡眠の時期があります。前者は眠りの浅い時期で，後者は深い眠りの時期であるとされています。ヒトの場合

▷6　西本　脩（1964）山下俊郎氏の基本的習慣の再考．保育学年報，26-28．
　　西本（1965）前掲論文．

には，レムとノンレムは，およそ1時間半～2時間の周期で繰り返すと言われています。

このレム睡眠の時期は，夢を見ている時間帯と言われ，脳波の上で覚醒を示す状態です。この時間帯は，他の野生動物や乳児では覚醒していた時間に該当します。さらに，乳児は1日のなかで眠ったり目覚めたりを繰り返すような断続的な睡眠をとりますが，成長するにつれて，睡眠時間は連続した時間帯に集約していきます。児童期になると，生活時間のなかに午睡もなくなり，夜間にひとまとまりの睡眠時間をとるようになるとされています。

2007年の資料によると，4歳6カ月の幼児が夜10時以降に就寝する割合は，25.5％となっています[7]。夜更かしの傾向は私たちが感じているようにその後の年齢ではさらに強くなっています。このことは，睡眠時間の短縮につながっています。この理由のもっとも大きなものは，大人の生活時間に子どもの生活時間を合わせていることや，テレビなど夜間の視聴や，親の遅い帰宅時刻まで起きているなど，種々の要因が考えられています。

③の準備行動のうち，「就寝前の排尿」では，排泄の習慣にも関連するのですが，紙おむつの普及が子どもに排泄後の不快感をもたらさないため，就寝前に排尿のためトイレに行く必要性を少なくさせている可能性があります。このことが，後述するおねしょと結びつくことは容易に想像できます。

3 排　泄

保育場面では，排泄訓練（トイレット・トレーニング）も大きな目標となります。具体的には排泄物の種類によって，排尿と排便に分けられるのですが，子どもの社会化過程に重点を置くと，①排泄の自律的制御，②排泄行動の自立，の2つの視点からとらえることができます。

自律制御について見ると，1歳～1歳半頃には，たとえ言語表現は明確でなくとも，排尿や排便の事後通告や予告を表情に出して行うことができるように

▶7　母子愛育会・日本子ども家庭総合研究所（2007）日本子ども資料年鑑2007．KTC中央出版．

なります。おむつも2歳半頃にはしだいにしなくなる傾向があります。おむつについて考えてみると，乳児期の排泄行動は自分でコントロールすることが難しいので，排尿や排便を「ちょっと待って」とすることができず，このためおむつが必要になります。幼児期になると，排泄が自律的に制御可能となってきて，便器で排尿・排便が可能になっておむつの状態から離れてくることになるのです。4歳半頃には，排便後に自己で紙を使用して清拭が可能となって自立が達成されることになります。

「おむつの不要」と「排尿・排便の予告」および「排尿・排便の事後通告」，さらに「何かに夢中になっている時のそそう（尿漏れ）の消失」については，近年では遅滞化する傾向にあると言われています。それについて帆足らは，紙おむつの使用が排泄の習慣形成に影響することを指摘しています[8]。つまり紙おむつに接触している臀部の皮膚部分による湿潤感覚が減少することで，1回の排泄だけではその感覚を知覚できないことになります。このため，複数回の排泄によって排泄物がおむつ内に蓄積してから，重さや湿潤感から不快を知覚し，音声や態度で表現するというのです。ですから，彼らの報告によると，かつてより子どもが不快感を訴える事後通告（告知）をする頻度が減少したり，通告すること自体が失われたりする現象が生じてくるとされているのです。このことはまた，事後通告による子どもの表情表出の変化を保護者や保育者が察知する機会を少なくする可能性をもっています。実際，保護者が子どもの排泄のときに発する表情のわずかな変化などの信号に気がつかなくなったとも言われています。

排泄の訓練について帆足らは，訓練を始めた時期が2歳以下だと，自立に至るまでの過程が長引いて，9カ月以上かかることが多く，2歳以上になってから開始すると3カ月程度以内で終了するということを報告しています[9]。これは，自分で状態を制御することができるようになるという，内的な状態が整ってか

▷8 二木　武・帆足英一・川井　尚・庄司順一（編著）（1995）新版　小児の発達栄養行動——摂食から排泄まで／生理・心理・臨床．医歯薬出版，227-230．
▷9 同上書，223-235．

Ⅲ　保育実践に向けて

ら訓練することによって，養育者の指示に能動的に反応できるということを示唆しています。

　悩ましいことに，夜尿症候群（おねしょ）予防策として夜間の睡眠中に排尿のために一時起床（覚醒）させてしまうと，先に述べました睡眠が阻害されることになります。また，そのことによって，夜間での排尿習慣が形成されてしまって，かえって夜尿症から脱却できないことにもなります。今日では，夜尿症候群の対処は，かつての強制的に抑制する方法から，後の子どもの精神発達を考慮しながら，就寝前の排尿を子どもに促すなど，穏やかな方策に切り替わってきています。

4 ｜ 着脱衣

　自分で衣服を身につけることができるということは，生活の自立においては，非常に重要なこととなっています。これは，着衣と簡略されることもありますが，履物や帽子までの着脱も含めて便宜上，衣服と一括して着脱衣として扱われることが多くなっています。着脱衣が重要なのは，適切な着脱衣の習慣が，心身の衛生とそれに伴う健康の維持に関係するからです。

　習慣の形成過程を見てみると，3歳頃にはパンツを1人ではくようになり，4歳半頃には，服の形態にも左右されますが，おおよそ自分で着ることができるようになります。このような着衣は，衣類の形状や材質，デザインの変化によって微妙に推移します。近年では，「ひもを前で，かた結びにする」ようなデザインの衣類の割合が減り，特別な時以外でのひも結びの機会が喪失しています。これに伴って，着衣における，ひも結びは難しくなってきています。これに対して，ボタンやゴム，伸縮性のある素材・織り方などによって着脱が容易に行えることによって，「パンツを1人ではく」が達成される年齢は早期化しています。

　手指の巧緻性の成熟が変化してきたのでは，という意見もありますが，ボタンをはめたりはずしたりするという習慣行動の形成については，ほぼ同じ年齢のまま推移していることから，不器用になってきたのではなく，特定の行為に

ついて経験が少なくなってきたため，スキル形成が変化してきたと考えるのが妥当であると考えられます。逆に言うと，様々なスキルトレーニングが重要であるということも言えそうです。

　感情や社会性の発達のところでも述べたように，この時期は，自我意識が芽生え，いわゆる第一反抗期と言われる時期に一致します。そのため，子どもとの接し方が難しくなります。ここでの援助方法としては，子ども自身が行いたいとする欲求を示したときに，保護者や保育者が，あたかも子どもが自ら着脱の行為しているように手を添え手伝いながら，自分の意思が尊重されているという意識をもたせることと，できたという達成感をもたせることが重要となります。保護者や保育者が子どもの衣服を着脱することはたやすいのですが，子どもの自立を促進する意味からも，大人の側に忍耐が必要となるのです。

5 清　潔

　最後に清潔に保つという習慣について述べておきます。顔をふく，口のなかをきれいにする，食事前に手を洗う，ぬれた手をふく，食後に歯をみがくなどの行為は，健康の保持・増進にとって，衛生上の問題から重要な意義をもっています。2歳半までには1人で手を洗う行為が，4歳までには，顔を洗う，鼻をかむなどができるようになります。歯みがきをする割合は1935年の調査以降年々増加し，意識の高まりが確認されています[10]。この行動は，3歳半頃には達成されるとされています。歯みがきは，むし歯の予防のためもあり，メディアや教育機関を通した歯みがきの奨励・啓発活動などによって広く行き渡るようになりましたが，身辺を清潔に保つという行動についても同様に，継続的な取り組みが必要になります。インフルエンザやO157などが流行した時だけでなく，普段から手洗いの方法や，咳の仕方などを教育することは，子どもだけで

▷10　山下（1936）（1937）（1938）前掲書．
　　西本（1964）（1965）前掲論文．
　　西本　望（2001）発達．木村忠雄（編）教育心理学のエッセンス．八千代出版．
　　西本　望（2008）人間形成の心理学的基底．武安　有・長尾和英（編）人間形成のイデア改訂版．昭和堂．

Ⅲ　保育実践に向けて

なく，地域や学校全体の健康維持にも関わることです。幼児期に基本的な習慣として定着させることの重要性を私たちも認識する必要があると思われます。

> **本章のまとめ**
>
> 　基本的生活習慣を幼児期に形成しておくことは，子どもの成長や発達にプラスの働きをします。生活習慣は子どもが育つ文化的環境にも依存しており，その文化のなかで適応的に生活していくためにも，しっかりとした生活習慣づくりが重要になります。

第11章
子どもの遊びと発達

ポイント
1 子どもの発達における遊びの意義を理解する。
2 遊びの対象が発達とともに変化することを学ぶ。
3 遊びの支援における環境構成と大人が遊びに参加することの重要性を理解する。

1 「遊び」の不思議

1 つかめない遊びの姿

　遊びは誰もが経験したことがあり，誰もが知っている行動です。しかし，不思議なことに，「遊びとは何か」「なぜ遊ぶのか」「遊ぶことには，どのような効果があるのか」の答えは未だに見つかっていません。その1つの理由は，遊びを科学的に調べる方法が確立していないことです。遊びは，「始めて下さい」と言われてすぐに生じるものではありません。また，遊んでいる人でさえ，「今，遊んでいる」とは言い難いように，ある行動が"遊び"であるという確かな規準もありません。このように，遊びは，謎に包まれた行動と言えます。
　もう1つの理由は，これまでの遊び理論が，科学的理論というよりは価値論だったことです。これまでの遊び研究は，「遊びは子どもに有用な行動」という前提から出発をし，「遊びはいかに子どもの将来に有用であるか」を追求してきました。そのため，「大人の遊び」やいたずらのような「悪い遊び」は無視されてきました。つまり，遊びの一部だけが，考慮されてきたのです。このことは，以下の代表的な遊び理論から明確になるでしょう。

2 | 代表的な遊びの説明

（1）遊びの練習説

　ドイツの哲学者・心理学者，グロース（Groos, K.）は，子どもは成体になってから必要な行動を遊びのなかでマスターするという考えを唱えました。たしかに，子猫が毛糸玉をじゃれるのは将来の狩りの練習にも見えますし，人間の子どものごっこ遊びは，親になったときの子育ての練習にも見えます。しかし，それらの遊びで使われるスキルと，実際場面で必要なスキルが違っていることから，「将来の練習」という考えは否定されています。

（2）教育的方法としての遊び理論

　幼稚園の創設者フレーベル（Froebel, F.）は，教師が適切な教材（恩物）を与えてモデルを演じ，子どもが模倣するように誘導することで，遊びを高められると考え，遊びを教育方法として用いました。一方，モンテッソリ（Montessori, M.）は，子どもが自身で選択し，自分のペースで技能・知識を習得していける「感覚教具」による指導法を実践しました。ただし，彼女は実生活に役立つ活動だけを重視し，ファンタジーのような遊びは無視しました。つまり，遊びは教師の価値観の範囲で，"遊び"として容認されたと言えます。

（3）遊びの認知発達説

　ピアジェ（Piaget, J.）は，遊びを，既存のシェマへの同化が優位な状態と定義しました。つまり，同じことを反復するなかでより上手にできるようになると，自己統制感，達成感から「活動の快」（する楽しさ）を感じ，やがてその行為は確かなものとして確立されていくと論じました。彼が重視したのは，象徴遊びに見られるような，現実の制約を離れ，純粋な記号を操作できるようにな

▷1　**シェマ**　行動・思考の枠組み。たとえば，幼児は見た目で判断するシェマの発達段階にある。発達は，既存のシェマへの同化から，新しいシェマへ移行（調節）することで達成される。
▷2　**象徴遊び**　ふり，見立て，ごっこ，空想などのイメージによる遊び。

っていく認知発達の側面でした。遊び経験のなかで，このような認知機能が発達をしていくと説明しました。しかし，彼が提唱した認知発達理論が大人に達するまでであるのに比して，遊びの発達は児童期までしか考慮されませんでした。

（4）最近接領域としての遊び論
　ヴィゴツキー（Vygotsky, L. S.）は，遊びは願望の空想による実現であり，想像遊びのなかで"それらしく"役割を演じることは，次の発達を生み出す「最近接領域」だと考えました。遊びのなかでは，子どもは，年齢以上のこと，日常以上のことをするというのです。しかし，本来の最近接領域理論では，発達は，独力ではなく，大人の支援を内化して達成されると論じていることを考えると，論理的に矛盾しているように思われます。

② 乳児から2歳まで——親子遊びの楽しさ

1 遊びの始まり

　遊びがいつ頃からどのようにして始まるのかを明らかにした研究は，現在まで見当たりません。しかし，ピアジェが，子どもの最初の遊具は自分の身体であると記したように，手足や頭を動かす，視界に入るもの，周囲の音にじっと注意を向ける，手に触ったものをつかんだり，握ったりすることを繰り返すこと，それによって得られる「機能の快」（身体・感覚を使う喜び）を求める活動が遊びの始まりではないかと考えられます。
　一方，乳児は，出生直後から模倣やリズミカルな動きなどの他者に合わせた

▷3　**最近接領域**　支援による発達可能性の範囲を言う。課題を行うときに独力でするより，有能な他者の支援を得てする方が，より高い水準に達することが可能である。また，練習によって次第に独力でも支援された水準に達するようになる。このように，支援されて達せられる水準は将来の発達水準を示す。

行為をします。親は，それに応じて，揺らしたり，話しかけたりして子どもを遊戯的協調行為のなかに巻き込んでいきます。乳児も，生後2，3カ月頃には親の顔や声かけ，働きかけに応じて笑うようになります（社会的微笑）。クーイングに親がマザリーズで同調する"会話"（声のやりとり）も認められます。このような親子双方が自分の行為を相手に合わせることで，双方の期待にマッチした状態はインターサブジェクティビティ（間主観性）と呼ばれますが，繰り返しのなかでは，次第に，マッチした行為と意図的な"ずらし"を織り交ぜることで遊戯的なやりとりを楽しみ始めます。このようなやりとりで見られる乳児の"満足した"表情と笑顔は，遊びのもう1つの起源を教えてくれます。

　4，5カ月頃になると，乳児の行動は，反射から随意運動へと移行し，手や足しゃぶりや，目にした物に手を伸ばし，手に触れた物を口にもっていくなど，物を口で調べるような行為の反復が見られるようになります（図11-1）。また，寝返りで身体移動に成功すると何度も繰り返します。"ごきげん"な声で，多様な発声を試す「反復喃語」も出現します。お座りができる6，7カ月頃になると，手が自由になり，身の回りの物を詳細に探るいじくり遊び・探索遊びなどの一人遊びに熱中をするようになります。同時に，手は，表現手段として使われるようにもなります。たとえば，親が歌いながら子どもの手をもってする「おつむ・てんてん」「かいぐり・かいぐり・とっとのめ」などの手遊びに協応的な動きをするとともに，それを喜ぶようになります。同時に，このような自発的・意図的な行為・反応は，親の目には一緒に遊んでいるように見えるようになります。

　0歳最後の4カ月間は，発達の1つの節目です。この間に，つかまり立ち・ハイハイによる自発的移動能力の発達と，自分‐他者‐物の三項関係が出現します。それに対応して，乳児の遊びも大きな変化を遂げます。まず，ハイハイで移動ができることは，これまでは興味をもっても手が届かなくてあきらめていたか，親に依存していた物を自分の力で接近して入手できるようになることです。この移動能力を発揮して，周囲の環境の探索をし始めます。ただし，その初期の段階では恐怖心が未発達で，階段からの落下や危険な物にさわる危険

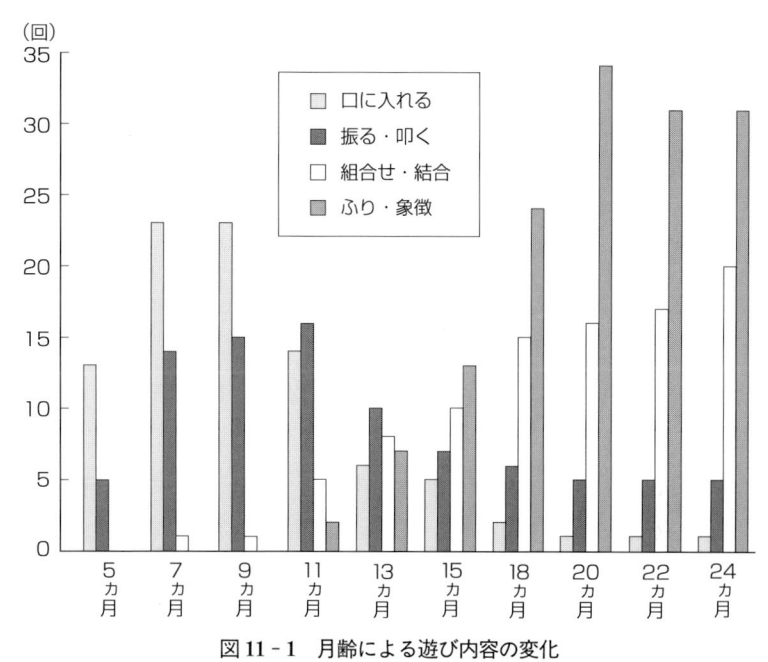

図 11-1　月齢による遊び内容の変化

注：縦軸は，10秒間隔で15分間時間見本法で観察をした時の総頻度。
出所：戸田寿恵子（2005）乳幼児の遊びの発達に関する研究．北海道教育大学紀要教育科学編，56，233-241，図 1 ～ 5 から筆者作成。

のあることが知られています。十分なハイハイの経験によって，危険の知覚が発達をすると同時に，期待した結果を生み出す"実験"をするようにもなります。たとえば，階段の上からボールを転がす，リモコンをいじくる，食べ物をわざと床にこぼす等です。一方，三項関係の発達によって，定型的なやりとりゲーム（やりとり遊び）を楽しむようにもなります。その典型例は親の「いない・いない・ばあ」を喜ぶこと，「げんこつ山のタヌキさん」「むすんでひらいて」などの手遊びを一緒にすることなどです。また，「チョウダイ」「ドウゾ」の物の受け渡し動作や「カンパイ」ができるようになるだけではなく，それらの"芸"を大人の前で披露し，ほめられると得意な表情をするようにもなります。

Ⅲ　保育実践に向けて

2 │ 世界の拡大へ

　最初の誕生日を過ぎた頃，歩行能力の発達とともに，行ってみたい世界は家の外へと広がります。歩く力が発達するにつれて好奇心が強まり，でこぼこ道，花壇，穴や溝へと冒険を誘います。2歳までに，走ること，台から飛び降りること，両足跳び，滑り台から上り下りすることや子ども番組のリズム体操に合わせることなどの「機能の快」と「達成感」を生む運動の領域は大きく拡大をします（表11-1）。同時に，物を口に入れたり，たたきつけたりすることは影を潜め，子どもたちの遊びは本を見る，ボールを転がす，人形を抱くなどの社会のメンバーに期待されている適切な事物操作へ移行していきます（図11-1も参照）。たとえば，ポットとフタ，カップとソーサー，機関車と車両をつなぐことや形はめなどのような"対"になった組合せを完成すること，適切なゴールに達することを目指すようになります。

　このような，物との関わりは，言語の発達を背景に心的イメージの世界へと広がっていきます。その始まりは1歳半前後からで，まず，親と同じような行為をする即時模倣が出現し，次に，ブロックを電車に見立てるような物の「見立て」が，そして，寝る・食べるなどの「ふり」（延滞模倣）が出現します。それらの「ふり」に熱中し，浸り込んでいる様子は，虚構をつくり出すこと，空想の世界を楽しんでいるように思われます。

　対人的やりとりでも，以前は大人主導だった「いない・いない・ばあ」や手遊び，ボールの授受などを，子どもの方が自分の行為を大人に合わせて，協同してやりとりを展開するようになります。また，やりとりの型にアレンジを加え，おどけた仕草で大人を笑わせるようにもなります。こうしたアレンジから面白さを発見することで，遊びの世界はどんどん多様化し，拡大をしていきます。

第11章 子どもの遊びと発達

表11-1 遊びの発達過程の概観

	一人遊び			対人・集団遊び			遊具の条件と例
	身体・運動	物	言語・イメージ	物	やりとりゲーム	言葉・イメージ	
0〜4カ月	・反復行為（視聴覚・手足の運動）	・物を目で追う ・手に触れた物を探る			・社会的微笑 ・情動共有 ・リズム同調	・クーイングによる親子の声に同調	・明快な色（吊りメリー） ・明るく響く音（オルゴール） ・握れる・振れる（ガラガラ）
4〜8カ月	・感覚運動遊び（手にした物をつかむ，振る，押す・引く，口にもって行く） ・自発的・随意運動	・反復喃語（子音と母音の組合せ発話）		・おもちゃを操作してみせると応じる	・「おつむてんてん」などに応じる		・握れる・振れる（ガラガラ） ・動くもの（起き上がりこぼし）
8〜12カ月	・ハイハイによる室内の探索	・物をいじくる ・期待した結果を生み出す実験		・「どうぞ」「ちょうだい」の動作を伴う物のやりとり	・「いないいないばあ」 ・まねて手遊びをする	・「バイバイ」「カンパイ」などのジェスチャーをする	・指でつまむ（積木の小片） ・押し歩く（手押し車）
1〜1.5歳	・歩行による屋外の探索	・操作遊び（物の機能を適切に操作，容器と蓋の適切な結合）	・ジャーゴン（自己流の言葉らしい発話）		・おどけた仕草で大人を笑わせる	・親と絵本を見て知っている物を指さす	・片手で投げられる（ボール） ・特定の機能がある（ミニカー）
1.5〜2歳	・リズム体操 ・走る ・台から飛び降りる	・模倣・ふり・見立て遊び（ブロックの汽車・電話器，人形に食べさせる，人形をあやす）		・ボールのやりとり	・禁止したことをして笑う ・他児の行為をまねする*	・童謡，ナーサリーライムを一緒に歌う	・大きさや形の違いがある（形はめ） ・単語（絵本）
2歳	・滑り台から滑り降りる ・ウサギ跳び	・ふり・見立て遊び（泥団子，空の茶碗からスプーンで食べるふり，見えない水を注ぐ）	・まねて電話をかける*	・平行遊び* ・追いかけっこ*		・絵本を大人に読んでもらう	・目と手の連携（積み木） ・ふり・見立て（人形，食器）
3歳	・三輪車をこぐ	・構成遊び（積み木を積む，ブロックを複数結合）	・受容遊び（絵本，映像，音楽，描画）	・協力・協同遊び（一緒に何かをつくる）*	・駆けっこ競争* ・じゃんけん*	・おしゃべり*	・身体運動（三輪車） ・想像を働かす（人形の家）
4〜5歳	・縄跳び ・スキップ ・ジャングルジムの昇降	・テーマのある構成遊び（ブロックで物語性のある物をつくる）			・劇遊び（ストーリーに沿って役割を演じ合う）* ・ルールのあるゲーム（鬼ごっこ・かくれんぼ）*	・グループで遊べる（ロープ） ・おもちゃを組み合わせる（ブロック，積み木）

注：＊は友達と一緒にするもの。

3 幼児期の遊びの発達——仲間関係のなかで

1 │ 仲間関係の始まり

　仲間への強い関心は，乳児初期の泣きの伝染[4]という現象などから知られています。6カ月頃には，相手に触れ，ポジティブな表出をし，1歳頃には，大人以上に強い興味をもって接近し，触れたり笑いかけたりします。1歳半頃には相手の後をついて行ったり，同じようなことをしたりします。このような仲間への関心の強さに比べ，仲間と協調的なやりとりをする力の発達は緩慢で，一緒に遊び始めるようになる前に物の取り合いの方が先に出現します。これは，相手と同じことをしたいために相手のおもちゃを奪ったり，順番を無視して占有し続けたりしてしまうのを，自己統制することや子ども同士の力では解決することができないからだと考えられます。

　幼児期の仲間遊びの発達段階を分類したパーテン（Parten, M. B.）の古典的研究でも，2歳までは仲間との協調行動は未発達だとされています。彼女が提案した発達段階は，①一人遊び，②傍観（仲間のすることを傍らで眺めている），③平行遊び（一緒にいるがテーマの共有・協力がない），④連合遊び（テーマを共有しているが役割が不明確），⑤協同遊び（テーマを共有し，組織的）の5つです（図11−2）。この発達段階では，2歳児は一人遊びが中心で，友達との関わりも平行遊びに留まり，集団遊びは3歳からとなります。実際，仲間遊びでは，それまでの親とのやりとり経験にはなかった多くの新奇な出来事に直面します。それ故に協調的な仲間関係の発達の難しさ，制約があるのではないかと考えられます。この困難を克服して安定した関係の形成に至るのは，取り合いから，早い者勝ちの「優先権ルール」や「入れて」・「貸して」と相手の承認を求める「仲間入りルール」に従ったやりとりが発達をする3歳頃になるのでしょう。

▶4　泣きの伝染　1人の乳児が泣き出すと，周囲の乳児も泣き出す現象。

第11章　子どもの遊びと発達

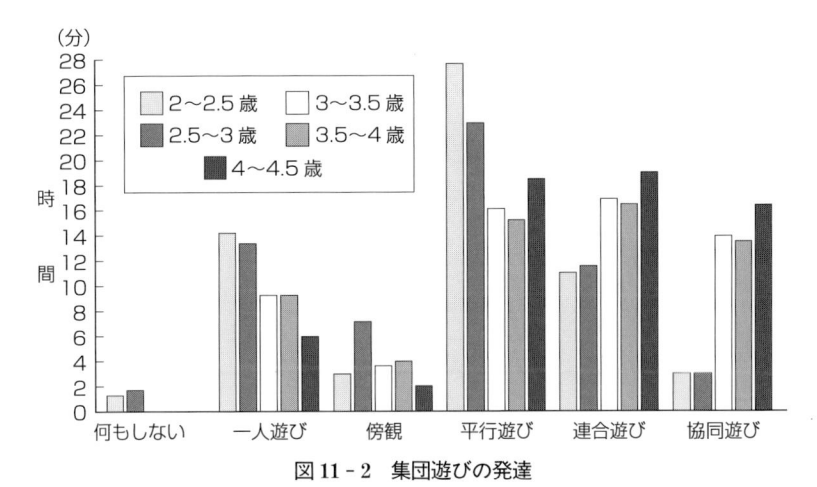

図11-2　集団遊びの発達

注：縦軸は，1分間の観察を60回行ったときの出現時間の合計。
出所：Parten, M. B. (1932) Social participation among pre-school children. *The Journal of Abnormal and Social Psychology*, 27, 243-269. より筆者作成。

ただし，初対面の2歳児でも，突然，転がってきたボールを互いに蹴り合い，その結果，偶発的に生まれたボールを追いかけて蹴り合うというゲームが維持されるように，短時間であれば，互いの行動の調整（ボールを独占しないで譲る）が可能なことも報告されています。

こうして子どもたちは，仲間集団に参加をしていきますが，"おきまり"の遊びをする遊び仲間は仲良しにもなります。また，仲良しは，運動遊び，ごっこ遊び，構成遊び（ブロック・積み木），受容遊び（読書，描画）などの似た興味，気質をもつ者同士であることも少なくありません。一方で，遊び場は，様々な遊びや偶発的な出来事に満ちた場であるため，遊び相手は，必ずしも仲良しに限らず，その時々の遊びの種類によって異なった相手となることも観察されます。この意味で，集団場面は，むしろ，多様な仲間入りや，新しい仲間との予期しない出会い，新しいやりとり，変化への即応的対処力のトレーニングの場だと言えます。しかし，年長になるにつれて，仲良しと"遊びたい子"が一体化し，遊び仲間が固定され，そうでない子を仲間に入れようとしない場面が見られるようになります。これは，友情に基づく閉じた仲良し関係が発達

Ⅲ　保育実践に向けて

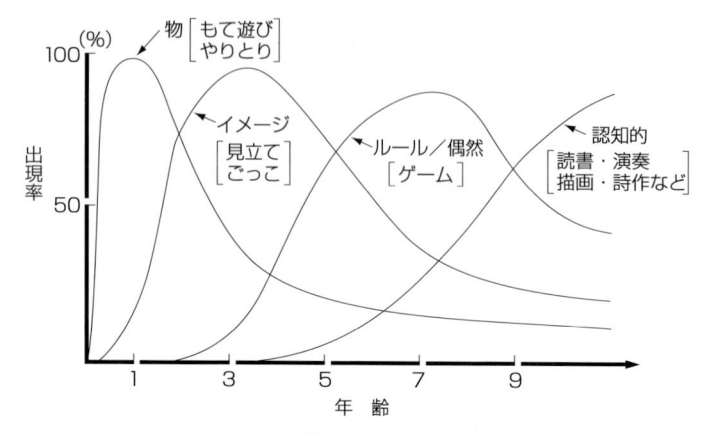

図 11-3　遊びの理論的発達段階

出所：中野　茂（1990）遊び．無藤　隆・高橋惠子・田島信元（編）発達心理学入門 1——
　　　乳児・幼児・児童．東京大学出版会，151.

し始めたことを示唆します。

2 ｜ ごっこ遊びの展開

　ところで，幼児期に展開される遊びの典型は，ごっこ遊びです（図 11-3）。ごっこ遊びは，現実からの「切り離し」，すなわち，〈今〉〈ここで〉〈私とあなた〉が〈○○〉をしているという事実の〈　〉（スロット）部分の一部，または全部を意図的に"事実に反する"状況にしてしまう心的作用に基づいています。たとえば，〈20歳になったら〉〈森のなかで〉〈私と王子様〉が〈結婚する〉というように。この「切り離し」能力の始まりは，3歳頃に暗闇やお化けや夢で見たものを怖がることに見受けられます。そして，4歳頃にはふりをするという言葉の意味がわかるようになります。たとえば，ある4歳児が，まねて泥団子をかじった2歳の妹を「"まね"だけなの」と叱ったというエピソードのように，"うそっこ"を本当から区別するようになります。

　ごっこ遊びの成立には，このようなふりを任意に演じられることに加えて，シナリオを発案し，演じられること，ストーリーの流れ・変化に即興で応じられることが不可欠です。シナリオに沿った演技の行為系列は「スクリプト」と

呼ばれますが，日常経験についてもっている知識の豊かさに依存します。たとえば，3歳児では，「いただきます」「ごちそうさま」と日常習慣の再現からなるスクリプトで完結しますが，5歳児では，「いただきます」「あ〜，きょうはハンバーグだ！　ハンバーグ大好き」「おいしいね」というようなストーリー化したスクリプトが展開されるようになります。また，4歳頃には，"赤ん坊"らしく話し，"母親"は赤ん坊に話すように演じることができるようになります。ただし，各自が自分の知っている決まった役・場面の"おきまり"スクリプトに沿っていなければ，演技がぴったりとかみ合うことは難しく，相手に関係なく自分の役割を進めていきがちです。即応的に相互の役割を参照して自分の役割を発展させることができるのは，5歳頃からだと言われています。

　一方，4，5歳頃までには，たとえば，母親役を3人が希望したときには，おばさん，おばあちゃんなど役を増やす，赤ん坊役は次は母親役に自動的になれる，弱い相手には"命を3個にする"などの対策をとれるようになります。また，選ばれるごっこ遊びのテーマは，①実用的な役：花屋さん，パン屋さんのような日常の役割，②キャラクター役：消防士，警官，ヒーローのように非日常的な役割，③関係的役割：お母さんと子どものように対人関係の役割，などに分けられますが，年少児にもっとも多いのは家庭内のテーマを含む③の関係的役割で，演じられるキャラクターは，知識（スクリプト）を共有できる家庭や仕事にそのテーマは限定される傾向にあります。4歳頃には①の実用的な役が増え，5歳頃には，②のキャラクターを自分たちで考え出し，関係的役割の場合でも，日常の関係ではなく，王様と家来，飼い主と犬のように，物語やテレビドラマからもち込んだストーリーに沿って，正確に，細かな部位までそれらしく演じようとするようになります。▷5

　ここで，1つの疑問は，幼児はなぜこれほどまでに，ごっこ遊びに熱中するのかです。現在のところ，その明確な答えは得られていません。しかし，多分，「今」「ここ」という時空を超えて，"自分であって自分でない存在"になれる

▷5　ガーヴェイ，C., 高橋たまき（訳）（1980）ごっこの構造——子どもの遊びの世界．サイエンス社．

Ⅲ 保育実践に向けて

可能性世界に自由に行けることを楽しんでいるのではないでしょうか。また，年長児では筋書きのあるドラマが演じられますが，そのような物語を思いのまま演じられる任意性，完成度の高さが満足を生むのではないかとも考えられます。

　もう1つの疑問は，なぜピアジェが考えたように，ごっこ遊びは児童期に入るとルールのあるゲームや読書，パズルなどに取って代わられてしまうかです（図11-3参照）。ピアジェの答えは，記号化です。たとえば，鉛筆を飛行機に見立てることは容易に思われますが，乗用車に見立てることは，少なくとも幼児には難しいと考えられます。しかし，小学生以上では，この鉛筆は"車"とみなすという約束の下で，車という物体ではなく"車"という「記号」に置き換えられることが可能です。この記号化によって，まったく何もない机の上に「車がある」ことにすれば，"車"という目に見えない記号を使えます。したがって，頭のなかで思うだけでよく，演技は必要がなくなるのです。

　しかしながら，この考えでは，ごっこ遊びの消失は，動作による"想像"の表現から内的な論理思考への移行として説明をして，内的なファンタジーの世界が考慮されません。空想にふけること，物語の世界に浸ること，ドラマの主人公に同化すること，漫才・落語やジョークを楽しむこと，そして，自分の過去・未来を思い描くことは，すべて現実の制約を離れた内的な可能性の世界として，誰もが備え，時には，夢想のような非論理性を含み，私たちの日常生活を楽しみのあるものにしています。したがって，ごっこ遊びは記号化ではなく，内的な可能世界に受け継がれていくのではないかと考えられます。

④　遊びの支援

1｜保育と遊び

　これまで，しばしば，保育に携わる人々から，遊びは子どもに不可欠である，なぜなら，子どもの発達は遊びを通して達成されるからであると主張されてき

ました。この主張の背景には，遊びの効果は，将来のよりよい適応にあるという遊びの遅延効果への信念があるように思われます。しかし，そのような遊びの遅延効果は，あるとしても弱い支持しか得られず，せいぜい教示指導と同等程度でしかないことも知られています。また，読字・書字や論理・科学的思考の発達には遊びではなく，学校での教育指導が不可欠と言えます。つまり，遊び経験は新たな力を生み出すのではなく，新たな発達を多様な文脈にもち込むことだと考えられています。興味深いことに，幼児教育と学校教育とでは遊びへの期待がまったく逆転してしまいます。前者は「遊びのなかで主体的に学ぶ」こと，社会性が育つことを期待し，後者は「遊んでないで勉強しろ」と叱るように遊びを否定的に見て，遊びの効果を期待していないように思われます。

では，遊びに何が期待できるのでしょうか。これまでの介入研究からは，ごっこ遊びを奨励すればごっこ遊び自体が深まること，特定の遊びの奨励は，その遊びに必要なスキルの熟達効果を生むことが見いだされています。たとえば，今しているごっこ遊びが面白ければ，それを維持しようとして子ども自身が自分の行動をコントロールし，より面白くなるアイディアを出し合い，積み木を高く積むためには，可能な限りそっと上にのせ，倒れないようにバランスを工夫するように。

したがって，遊びとは，自分の興味を満たすように積極的に自分をコントロールし，望ましい状況を生み出し，得られた結果に満足感を表明する社会情動的な心的機能と言えます。その意味で希望，期待，喜びを表現する活動であり，日常生活を生き生きとした心に残るものにする働きと言えるでしょう。

このように，遊び経験が生み出す成果はその実用性や知性ではなく，自分の発想に基づく自分自身の可能性についての自己感覚を発達させ，満足と自信を得られるという側面にあります。このことは，保育所保育指針解説書にも次のように記されています。

「子どもにとっての遊びは，遊ぶこと自体が目的であり，子どもは時が経つのも忘れ，心や体を動かして夢中になって遊び，充実感を味わっていきます。遊びには様々な要素が含まれ，子どもは遊びを通して思考力や想像力を養い，

友達と協力することや環境への関わり方などを体得していきますが，何より
も今を十分に楽しんで遊ぶことが重要です。その満足感や達成感，時には疑
問や葛藤が子どもの成長を促し，更に自発的に身の回りの環境に関わろうと
する意欲や態度を育てます」（下線部は筆者）。

　この，遊びの充実感，今を十分に楽しむことという視点は，子どもたちを幸
せにする方法論として遊びを用いるべきだということを明示している点で画期
的と言えます。一方で，園や教室での子どもの遊びは，保育者の価値観を反映
したものです。表11-2に示されているように，その価値観が違えば，子ども
たちが，園・教室でどのような活動を見つけられるかが異なり，遊びの姿も，
保育者の関わりも違ったものになります。子どもが示す遊び自体だけではなく，
その子に関わる大人が遊びをどう理解しているかは，遊びの発達に重要な影響
力をもっていると言えるでしょう。

2 遊んでいない子への支援

　遊ぶとは「生き生き」していることで，その反対は「不安」です。そのため，
私たちは園庭をぶらぶらするだけで遊んでいないように見える子を目にすると
何か不安や安心できない状況があるのではないかと心配になります。しかし，
遊んでいない子を目にした場合には，それが友達と"遊んでいない"ことなの
か，友達の傍観なのか，まったく何もしていないのかを正確に把握する必要が
あります。たとえば，ブロックで宇宙基地をつくっている幼児と，その傍らで
黙々と宇宙船をつくっている子は一人遊び，ないし，平行遊びと見なせますが，
何らかの偶発的出来事（ブロックを探すのを手伝う）によって，2人の活動は共
有された1つのゴールに向かうかもしれません。

　最近の研究からは，仲間遊びの形態はパーテンが考えたような年齢に固定さ
れているのではなく，状況によって移り変わっていくことが示されています。
たとえば，平行遊びは，傍観・一人遊びと，また，集団遊びとも相互移行関係

▶6　厚生労働省（2008）保育所保育指針解説書．17-18．

第11章　子どもの遊びと発達

表11-2　遊びの位置づけによる4タイプのカリキュラム

カリキュラムタイプ	遊びの位置づけ	保育者の働きかけ
タイプA：教示指導型	遊びと学習指導とは切り分けられ、遊びは自由遊び時間だけで許される。その他の時間では保育者が用意した課題に沿った指導が行われ、子どもに選択権はない	自由遊び時間中の遊びの選択は子どもに任され、子どもの遊びに介入することも発達に有効な場面設定をすることもない
タイプB：遊び的教示型	学習教材が子どもの興味を引くように色彩豊かであったり、ゲーム形式などの"遊び仕立て"で進められたりするが、子どもに選択権がない点、遊びが遊び時間の活動であることはタイプAと同じ	教材の使い方、ゲームの仕方を教示する以外は、子どもがその通り行うか監視している。自由遊び時間はタイプAと同じ
タイプC：自由遊び型	適応的性格や仲間関係などの社会情動発達を重視し、遊びをその方法論として重視する。教室には"ふり""ごっこ"に使えるコスチュームや道具、教材が用意され、子どもたちは発達水準に適した活動のテーマを自由に選択できる	基本的に子どもの活動を見守り、問題が起きたときだけに介入する。その際も、子ども自身の力で解決をすることが奨励されるため、新しい解決への挑戦が起きにくい
タイプD：統合的遊び型	タイプCと同様に、子どもが自分の興味に沿って活動できるように発達に適した場面設定をするが、あらゆる面の発達に働きかけられるように考慮する。この意味で、遊びは発達を生み出す機会を生み出す指導方法と見なされる	積極的に子どもの遊びに遊び手として参加し、また、子どもがどのような援助を必要としているかを読み取って声かけをし、解決を支える。大人の働きかけは「発達の最近接領域」であることを念頭に置く

出所：DeVries, R. (2001) Transforming the "play-orientinted curriculum" and work in constructivist early education. In A. Goncu & E. L. Klein (eds.), *Children in play, story, and school*. The Guilford Press, 72-106. より筆者作成。

にあるので、1人から集団形態への橋渡しをしているのではないかと考え直されています。[7]一方で、1人でいる状況と気質との関係から調べた研究からは、「傍観（緊張）」は引っ込み思案な気質の子に持続的に見られることが報告されています。[8]この傍観状態は、遊びは安全・安心を感じられる状況で生じること

▷7　Bakeman, R. & Brownlee, J. R. (1990) The strategic use of parallel play: A sequential analysis. *Child Development*, **51**, 873-878.

▷8　Coplan, R. J. et al. (1994) Being alone, playing alone, and acting alone: Distinguishing among reticence and passive and active solitude in young children. *Child Development*, **65**, 129-137.

を考えると，安心できないからこそ"遊べない"のだと考えられます。したがって，安心できる状況が見つかれば，次第に不安を低減させ，「一人遊び」へと移行していくことも知られています。

このように，"遊べない"の意味は複雑で，遊んでいない理由を慎重に判断する必要があります。そのためには，対象とする子について時間を置いた何回かの観察記録から遊びの変化の過程を見つけ出すことが不可欠です。

3 遊びの指導とおもちゃ

遊ぶとは，その場で自分にできる活動を見つけられることです。ぎゅうぎゅう詰めの満員電車のなかでも，確保できたわずかなドア窓のスペースに息を吹きかけて落書きをしている人がいるように，そこでできることと，空想を巡らす力があれば遊びはどこでも生じます。この"何かできる"チャンスは，そこに興味を引くものがあれば容易に見つけられるはずです。また，すでに，他の人（たち）が，そこで何かをしていれば，それに参加，あるいは，その模倣によっても始められます。遊ぶ力は誰にも，いつでもあるからです。

子どもの遊びを支援しようとして，大人が興味をそそる遊具・場面を用意することや，すでに始めた遊びへの参加を求めるようなアプローチは「ガイド・プレイ」と呼ばれます。ガイド・プレイは，子どもの自発的な活動という遊びの中核を維持しながら，大人が足場を提供することで，遊びをより盛り上げようとする支援アプローチです。それには次の2つの方法が考えられます。1つは，子どもたちが小道具として必要であろう素材，場面を用意する環境構成法で，もう1つは大人も遊びのメンバーとして参加する「ジョイント・プレイ」です。

前者では，どのような環境構成をすれば子どもたちが動き出すかを想定して遊びの足場となる材料を選ぶことが大人の役割と言えます（表11-1参照）。たとえば，駅に見学に行った後で，年長児では，「えき」「かいさつ」「ほーむ」などのサインと駅職員，運転手の制服を用意しておけば，子どもたちは自発的に「電車ごっこ」を展開すると期待されます。また，このような特定のテーマ

に限らず，子どもたちの遊びを発展させる材料として，時代を超えて受け継がれてきた"永遠の遊具[9]"を導入することも有効に思われます。永遠の遊具とは，次の3タイプです。第1は，ブランコ，滑り台，ジャングルジムです。これらの遊具は，本来は自然のなかで経験する，登ったり，ぶら下がったり，揺らしたり，素早く動き回る運動を都会にもち込んだものです。したがって，子どもたちの身体感覚，筋力，バランスを伸ばすと同時に，登山のような達成感をもたらします。第2に，積み木です。その特徴の1つは，得るものが年齢によって異なり，年少児では，積み木を重ねられる目と手の協応と自己統制ですが，年長児では集中力と根気が養われます。せっかく積み上げても，一瞬にしてその努力が徒労として終わってしまう点は組合せブロックとの大きな違いです。また，ごっこ遊びの家になったり，電車になったりします。さらに，積み木自体には何のイメージもなく，積み木が有意味性をもつかどうかは使っている子どもの発想力に依存しますが，この点も積み木の大きな特徴です。最後に，人形と動物のぬいぐるみです。その特徴は，人間のようなもので人間ではなく，ペットのように愛情の対象とされ，もち主の愛情を受けるだけではなく，同時に，安心感を返してもくれます。また，もち主が気まぐれに扱っても従順なことです。これらに，どの社会どの時代でも好まれるおもちゃとしてボールが加えられます。ボールは，転がすこと，投げること，追いかけることなど，すべて遊び手に任され，おもちゃの基本と言えます。

　ニューソン夫妻によれば，これらが永遠の遊具であるのは，子どもたちが常に抱いている，探検したい，工夫したい，想像したい，能力を試したい，見せびらかしたい，自分より力の弱いものを保護してやりたいという願いを叶えるものだからだと言います。しかも，それらの遊具は子どもとともに成長ができ，新しい能力に応じて，新しい遊び方ができるものだと言えます。つまり，このような，子どもの創意工夫次第でどのような遊び方も可能で，完結することのないオープンエンドな遊具こそ永遠の遊具であり，子どもたちの遊びを支援す

▷9　ニューソン，J.・ニューソン，E., 三輪弘道他（訳）(2007) おもちゃと遊具の心理学．黎明書房．

る遊具だと言えるでしょう。

　さて，ガイド・プレイのもう1つの方法論であるジョイント・プレイは，大人も子どもと同じ遊びのメンバーとして遊びを楽しむというものです。したがって，指導・保護というタテの関係ではなく，コンパニオンシップと呼ばれる横の関係を維持できることが求められます。同時に，場合によっては子どもが思いつかない振る舞い方を演じてみせることも子どものレパートリーを広げるために必要なことです。ただし，それを子どもにさせようとして押しつけるのは望ましいことではありません。大人が押しつけ的な場合には，子どもは自分で発想することを止めて大人に依存してしまうことが知られています。あくまでも，子どもが自分の興味・発想で遊びを展開するのに大人が参加するのが，この方法論です。

　このような遊び指導がどれほどの効果を生むのかについての実証研究は乏しい状態ですが，保育に携わる人々が，その日がその子の一生の記憶として残るほどの楽しい日であることを願い，敏感なセンスを磨いていく限り，遊びを深める方法論の探求は続くことでしょう。

5　遊びとは何か

　遊びの定義として，これまで「可塑性」「楽しさ」「内発的動機」「ありきたりでなさ」「目的より手段」があげられてきました。しかし，子どもたちが遊んでいる場面のビデオを，保育者，親に評価をしてもらった研究からは，「内発的動機」「目的より手段」に基づいて遊んでいるかどうかを判断することは，難しいことがわかりました[10]。なぜなら，内発的動機づけからする行動は遊びに限らないし，まったくの無目的で遊ぶこともありえないからです。残りの「可塑性」「楽しさ」「ありきたりでなさ」の3定義は遊びと非遊びの区別として有効でした。ここで，「ありきたりでなさ」と「可塑性」を「多様な行動」と言

---

[10] Smith, P. & Vollstedt, R. (1985) On defining play: An empirical study of the relationship between play and various play criteria. *Child Development*, 56, 1024-1050.

い換えると，結局，遊びとは，「多様な可能性を楽しむ」行為だという結論になります。

最近の研究からも，遊びがもつ生物の適応上の役割は多様性を生み出すことだという，遊びの「多様性モデル」が提出されています[11]。それによると，生物は，進化の過程で一端，うまく適応できると，その適応方法に留まってしまい，刻々と変化していく生きた状況や環境の変化に対処ができなくなってしまいかねません。そこで，遊びが出現し，新しい挑戦力，多様な適応可能性を生み出せるようにしたのだと言います。ほ乳類のなかで人間がもっともよく遊ぶのは，もっとも多様な社会文化的生活環境のなかで暮らしているので，対処能力の多様性と可塑性が不可欠だからです。この多様性を生み出すため，あえて風変わりな，ナンセンスな試みがなされることもあります。これは，遊びの「自分でつくった困難」と呼ばれます。たとえば，わざわざ狭い縁石の上を歩く，滑り台を頭から降りる，冒険をする等です。このような困難は，予期しない状況，新しい環境，社会状況の変化に対応する準備性を生んでいる「不確実性へのトレーニング」という働きもしています。たとえば，遊び中に生じた出来事に応じて，相手と交渉をしなければならないように，遊び自体が新しい状況を生み出し，新しい学習の機会を提供するからです。このような多面的な新しい行動への挑戦は，「自分の可能性」を信じられる人を育てるために必要なことが示唆されています。

上述をしたように，遊びは，「楽しい」という情動経験とも言えます。この楽しさ経験は，悲しみ，ショック，恐怖，怒り，嫌悪などの，適応に不可欠であるがストレスによって生じ，コントロールが困難な一次情動を緩和する働きをしていることが最近の研究から示唆されています。想像力は，恐怖状況であっても安全な範囲で遊戯的な情景を思い描くこと，それによるポジティブな興奮を伴うことを可能にします。したがって，遊びは，危機的な状況で見通す能力，希望を生み出す力として発達をしたのではないかと考えられます。だからこそ，

▷11 Sutton-Smith, B. (1997) *The umbguity of play*. Harvard University Press.

Ⅲ　保育実践に向けて

人々は遊ぶのではないでしょうか。

　最近，脳科学者がラットの脳の情動系に，餌探し，恐れ，攻撃，養育・愛着，性欲とともに遊びシステム（じゃれ合い，笑いなどの遊戯行動を誘発する神経系）を発見しています。また，遊戯的にくすぐることで反応が強まるラットの「遊び声」が，相手とのやりとりの楽しさ，相手の楽しさを引き出すことが見いだされています。[12]

　このような，「遊び」が生得的に脳に備わった固有の情動系を反映した現象であるという実証的研究の発展によって，遊びの定義とその働きを明確にできる新たな時代が来ると期待されます。

本章のまとめ

　遊びは何かを学ぶことよりも，新たに獲得をした力を確立するとともに，多様性を楽しむ行動と言えます。つまり，遊びとは，楽しい経験によって満足を感じることです。遊べない子への介入支援も，大人が子どもの遊びに参加し，遊びを一緒に楽しむことが不可欠です。

---

[12] Panksepp, J. (1998) *Affective Neuroscience*. Oxford University Press.

第12章
発達の地図

ポイント
1 発達過程を見ることの重要性を理解する。
2 発達評価のための着眼点を理解する。
3 保育場面の子どもの行動からおよその発達年齢がわかるようにする。

　本章で述べる発達の過程は，平均的なものです。多くはこの時期にこのようなことができるということを示しています。しかし，実生活において私たちが見ているように，そこには個人差があり，子ども一人ひとりの育ちが現れています。平均的な姿と個々の姿を比べながら，子どもを理解することが大切です。
　子どもの保育場面における特徴理解の基盤として，これらの行動の下位にある個々の機能の発達理解が必要となります。これまでの章では，知覚や運動，言語など，子どもがもっている個別の機能について，その発達過程を見てきました。本章では，最初にこれまで見てきた領域別の発達像について，全体的な変化の特徴を俯瞰し，それぞれが果たしている働きを再確認した後，子どもの発達をどのように見るのかについて考えていくことにします。

1　機能別に見る発達の俯瞰図

1　運動機能

　頭と首から体を支える筋肉のコントロールができるようになり，それに続いて手足の動作が出現してくるという，頭部から尾部への変化の方向性（cephalo-caudal），そして頭と首の運動が指で物をつまむという動作の前に出現するというような，体幹の中心部から周辺部への変化の方向性（proximodistal)，粗大運動から微細運動へというような操作の巧緻性への方向性（refinement）が見られます。普段の保育実践においても，子どもの運動発達や物の操作の発達などを注意深く見てみると，これらの傾向を確認することができきます。

2 知覚機能

運動機能が外界に向かってのチャンネルであったのに対して，知覚機能は，外界からの情報を取り込むインプットチャンネルということになります。この知覚機能においても，やはり大きな方向性が見られます。それは，感覚の多様化から選択的注意へ，そして感覚の統合へという方向性です。感覚の多様化は，目で見ながら耳からも情報を取り入れるという，同時に複数の感覚器を活用する能力になります。そのなかから意味のある情報だけを取り出す能力は，情報の選択的取得を可能にし，雑音の少ない情報を得ることができるようになるのです。認知や言語，運動などの機能の発達にとって，同時に複数の感覚器を働かせながら，必要でないものを無視する能力は後の発達を促す重要な要因となるのです。このように感覚器の情報を統制できるようになると，それらの感覚の間に結びつきをつくることができるようになります。視覚と聴覚が統合され，より複雑な知覚世界の理解が可能となります。

知覚機能の基礎は生まれた時に準備されており，誕生後の経験や学習によって，複雑な情報の処理課程が形成されていくことになるのです。このような知覚機能を育てるためには知覚だけでなく運動機能も同時に育てることが大切だとされています。私たちが歩いたりするためには種々の知覚の働きが必要ですが，知覚しているものが移動や操作によってどのように変化するのかを経験することが今度は知覚機能を調整することになるのです。この意味では，知覚発達と運動発達は両輪のようなものであると考えられます。保育実践においても，両者をバランスよく育てることが重要です。

五感と呼ばれる知覚機能の重要性は，社会活動をするうえでの多くのメッセージや信号がこれらの働きを通じて取り込まれる点にあるのです。

3 認知機能

　認知機能は，情報の認識や統合，適切な使用を含める総合的な働きと考えられます。このような機能を習得するため，子どもたちは，彼らがもつ種々の機能を駆使して自分を取り巻く環境のなかにある事象に対して働きかけ，その結果を受け取るという行動を繰り返します。その意味では，認知的発達は個人と環境との持続的な相互作用によってつくり出される連鎖の過程と考えられるのです。ですから，子どもの発達を評価するための各種の検査においても重要な位置づけをなしています。ただ，発達初期の段階では，認知過程を独立した領域として扱うことは難しく，知覚や運動との重なりや，次に述べる言語などの重なりのなかでとらえられることになります。

4 言語機能

　言語はとらえ方によって，シンボル的な側面が強調されたり，読み書きが強調されたりします。しかし，そのもっとも大きな機能と考えられる，人と人との意思疎通の道具としてとらえると，言語発達は発達初期から観察される発声や表情表出によるコミュニケーションにその源があり，それらが規則としての言語に移行していく，生物学的行動から社会的行動までの過程を含む一連のものであると考えられます。この意味からも，言語は子どもの発達評価の重要な視点となります。

　第6章で見てきたように，多くの子どもは産出語彙を獲得する前に理解語彙を獲得しています。つまり言葉で物事を説明することが可能になる前にすでに，自分を取り巻いている環境にある，様々なものについての概念や関連を理解しているのです。子どもたちは，この言語機能をフルに活用して，新しい概念を獲得していくことになるのですが，重要な点は，これが適応的社会的関係性をつくり出すことと関連していることにあります。他者のこころを推察し，適切な表現で自分の気持ちを伝えることは，幼児期においても重要なこととなります。

　大きな方向性としては，語彙の増加とともに，理解から表出へ，そして精緻

化へ，具体から抽象へというように，認知発達と関連した変化が見られます。私たちは，ともすると，これら言語の部分的な側面に目が向きがちですが，日々の仲間との遊び場面などにおいて観察される，適切な使用についても注意を向けることは，保育実践では重要となります。同じ意図を，うまい表現で相手に伝える技能の習得も重要なのです。

5 | 社会性の発達

　上述してきた種々の機能が統合されてつくり出されるのが，他者との社会的関係性の能力となります。子どもが自分をどのようにとらえているのか，自分と他者の関係をどうとらえているのかという，きわめて人間的で，幅広い領域に関わるものとなります。このなかには，性役割や道徳性のような社会的な枠組みや，他者との信頼関係のような個人のなかにつくられるようなものが含まれています。これらは，養育者との関係から始まり，仲間関係，大人との関係，知らない他者との関係，不特定な他者との関係というような広がりの方向性をもっています。このような他者との関係性は，文化的な背景や，個人の性格特性などによって広がりと速度に個人差が出てきます。保育場面における関係性の現れ方には，それらが反映されることになるのです。

2　子どもの発達をどのように見るのか

　子どもの発達を理解するために用いられている各種の指標は，多くの場合，どの年齢段階でどのような行動が出現するのか，その年齢の子どもたちのなかでどれくらいの割合の子どもがその機能を完成させているのかというような形で示されています。ですから，ともすると年齢相応の行動が観察されていると大丈夫だ，というような理解がなされます。

　しかし，専門家である保育士にはもう少し広い視点が要求されます。発達の地図を読み解く時に，以下のような点に注意を向けてとらえてみてください。ひょっとするとそれまでと異なる子どもの姿が見えてくるかもしれません。

第12章　発達の地図

1 ｜ 子どもの生活空間

　ハイハイやつかまり立ち，歩行の学習には，生物学的な筋肉の成熟とともに，それを支える養分の摂取が必要です。それらは食の問題と関連づけられて，体重や身長の増加を指標として把握されますが，ハイハイやつかまり立ちなどの出現は，活動空間とも関係しています。最近では，ハイハイの期間が短くなり歩行開始期が早くなっているという話も耳にしますが，これには住環境が影響しているとの指摘もあります。マンションでソファなどのつかまりやすい家具に囲まれていると，それを利用してつかまり立ちが早くなる可能性も考えられるのです。発達過程を見ていく時には，子どもの行動形成と関係する環境要因の把握も重要となるのです。仲間関係のような社会的な活動についても同様のことが考えられます。たとえば，高層住宅では，子どもが1人でエレベーターのボタンを押すことができるようにならなければ，地上にある公園に自分で出かけることができないかもしれません。私たちを取り巻く生活環境はどんどん変化していきますが，それに伴って子どもの発達像も変化していきます。保育者は，子どもが育っている生活環境についても注意を向ける必要があるのです。

2 ｜ 発達順序

　発達には，大部分の子どもに共通の順序や経路があります。子どもの発達を考えるとき，子どもたちが各種の機能を獲得する時期だけでなく，取得する順序にも留意する必要があります。様々な機能が適切な順序性をもって出現してくるということは，子どもの発達がバランスよく展開されていることの指標となります。領域による発達速度とともに，それらのバランスにも注意を払うことが必要なのです。

3 ｜ 発達のノルム

　発達の順序に関連してもう1つ重要な視点があります。それは，ある機能がおおよそいつ頃出現するのかということについての基準点です。様々な年齢の

Ⅲ 保育実践に向けて

子どもの体系的な観測を通じて，子どもたちのある機能がある平均的な年齢で獲得されることが見いだされています。この平均年齢はノルム（基準）と呼ばれ，子どものある行動の発達は，ノルムを基準に記述されることになります。たとえば，8カ月で歩く子どもはノルム（12～15カ月）より前，20カ月まで歩かない子どもはノルムよりも後ろということになります。このとらえ方では，特定の機能について平均値をもとにした子どもの発達の進み具合がわかるのです。

4 発達パターン

4番目の留意点は，典型的な発達の姿があるのかという問題です。先に，発達を考えていく時には順序性とバランスに留意するべきであると述べましたが，その表れ方には個人差があります。多くの子どもたちの行動発達の様子を平均化したものが発達パターンとして図示されることが多いのですが，すべての子どもが型どおりのパターンを示すわけではありません。発達の姿も，子どもたちの間で，様々な違いをもっています。バランスよく発達しているが，全体として晩熟な子どもも存在しています。発達理解の基本は，一人ひとり個別にあると言えるのです。

5 組織化の過程

本書第1章 **4** で，発達段階について述べましたが，もちろん発達は階段のような形で段階的に非連続に変化するのではなく，連続に変化します。しかし，注意深く見てみるとこのような連続性のなかにも，変化の時期を見いだすことができます。それは，機能のある段階から次の段階へ移行する時期の，穏やかな混乱として現れてきます。たとえば，ハイハイから歩行に移行する時期には，両方が共存する時期が現れます。急ぐ時にはハイハイの方が確実で，速いので，歩くよりもハイハイが選択されたりするのです。

対人関係においても，言葉を探して説明するよりも，手を出した方が自分の意図を伝えやすい時期があるかもしれません。個人差がありますが，このような機能の再組織化の過程にも注意が必要となります。

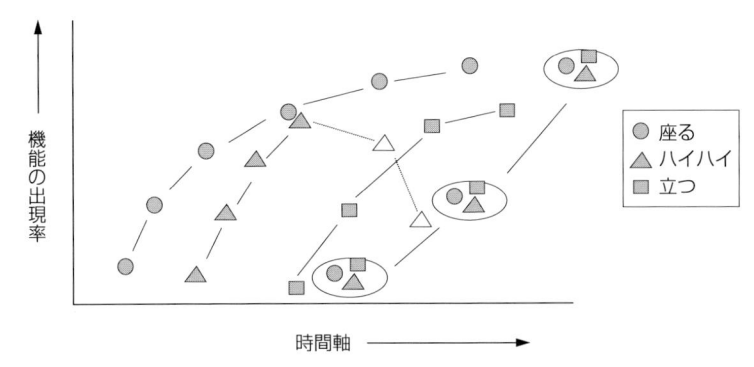

図 12-1　機能間のシステムとしての発達過程

6 | 機能の連関

　発達理解において私たちは，身体，運動，知覚，認知，社会性，言語のように特定の機能に注意を向けがちです。しかし，注意を向けている機能は，他の機能の発達とは無縁ではありません。先に述べたように，他者との関係性などは，様々な機能が複合的に関係してつくり出されています。

　発達過程で見られる個々の機能の形成は，それらを下位の要素とする，より上位の機能を構成することになります。たとえば，図を例に説明してみましょう（図12-1）。ここでの●は座るという行動を，▲はハイハイを，■は立つという行動を示しているとします。これらが組み合わさって歩行という行動が形成されます。ハイハイは見えなくなりますが，もちろん移動の方法として，大人である私たちにも残っていて，必要な時にはその行動を取り出すことができます。このような機能間の関連性は，発達のバランスのなかでも少し触れましたが，子どもの発達を理解するうえでも大切な視点となります。

　これらの考え方は，近年ダイナミックシステムズアプローチ[1]として多くの発

▷1　**ダイナミックシステムズアプローチ**　自然界に起きる現象を，様々な構成要素の相互関連のなかで扱おうとする考え方。この考え方を発達現象に当てはめ，ある機能とある機能が力動関係性をもつことによってより上位の機能がつくり出されると考えられている。

達モデルのなかでも取り上げられています。

7 | 個人差と養育環境との相互作用

　発達を考えるとき，個人差の存在があることも無視できません。このような個人差は，表出された個人差と言えるものですが，その背景にある子ども自身の行動特性と環境要因との相互作用にも目を向けることが大切です。たとえば，なかなか泣き止まないような子どもは，扱いにくいというようなイメージをつくり出し，それが養育者の養育行動に影響することになります。これは，子どもの個人差と養育者との相互作用がつくり出すものと考えられますが，これ以外にも，養育者の経済的な状況，両親の教育歴や子どもはどのようであるべきかというような子ども観などが子どもの個人差と相互作用することによって，子どもの発達を方向づけることがあるのです。

8 | 非定型発達

　非定型という用語は，発達過程が他の子どもと異なる，もしくは遅れがある子ども，子ども自身がもっている何らかの行動的な問題が引き起こす発達のズレなどを説明するのに使用されます。発達上の遅れをもつ子どもは，次章の「気になる子どもへの対応」にあるように，発達の1つ以上の領域に問題が生じることが多く，特定の機能だけでなく，その機能を要素としている上位の機能にも困難を抱えていることがあります。子ども全体の発達像を把握することが大切です。

3　発達の地図をもつ

　これまで，評価をすることがどうして重要なのか，全体として発達はどのような方向性をもっているのかなどについて述べてきました。最後に，これまで述べられてきた様々な機能を俯瞰してみることにしましょう。図12-2は乳児期から幼児期にかけての主な行動の出現順序を示したものです。この図をよく

見てみると，各機能が緩やかに関係しながら，養育者との関係を経て仲間関係というより広い社会性の構築に向かって変化していっていることが読み取れます。それは，「とにかく生きる」ヒトが，外界の情報を取り入れそれらを統合し自ら統制する「うまく生きる」存在となり，他者との関係性のなかで「たくましく生きる」人間となっていく過程そのものでもあります。

4 発達理解と保育

　発達心理学の問いの1つが，ここで取り上げた，いつ頃どのようなことができるようになるのかという，発達の地図を作製することでありました。この地図は，子どもが今どの辺にいるのかを私たちに教えてくれます。また，この後にどのようなことが起きるのかも教えてくれるのです。このような知識は，保育の実践においても，子どもを理解するうえで重要となります。多くの子どもが通っていく経路でないコースをたどる子どもは，注意が必要となります。あまりにも異なったコースをたどる子どもや，遅れてくる子どもは，ひょっとすると何か理由をもっているかもしれないのです。

　このような発達の過程を評価するための検査には，新版K式発達検査や，KIDS発達スケール，デンバー式発達検査など多くのものがあります。本書ではそれらの詳細については触れませんが，そこには，ここで述べたような行動や，順序性が厳密に測定され評価されています。保育は個々の子どもを理解することから始まります。あなたの前にいる子どもが，今どのような能力を有しているのか，何ができるのか，またそれらがバランスよく発達しているのかという視点で理解することは，その子どもの理解を深めることになると思います。

本章のまとめ

　子どもの発達を支えるためには，年齢相応の行動が形成されているのかどうかを知る必要性があります。それは，その後に続く行動の発達が，その前にある行動に依存しているからです。発達がもつ方向性を理解し，発達の順序性を理解することは保育にとって重要な情報を与えてくれるのです。

III　保育実践に向けて

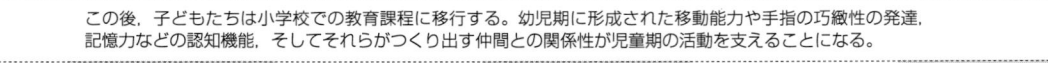

この後、子どもたちは小学校での教育課程に移行する。幼児期に形成された移動能力や手指の巧緻性の発達、記憶力などの認知機能、そしてそれらがつくり出す仲間との関係が児童期の活動を支えることになる。

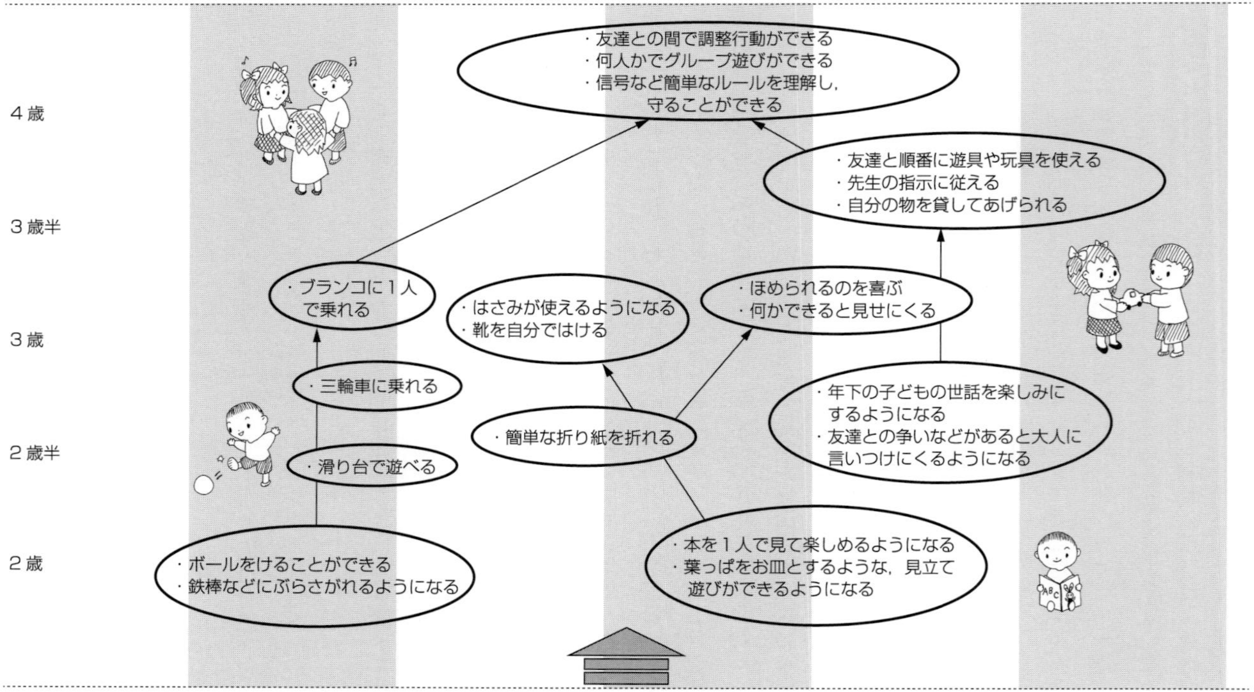

4歳
- 友達との間で調整行動ができる
- 何人かでグループ遊びができる
- 信号など簡単なルールを理解し、守ることができる
- 友達と順番に遊具や玩具を使える
- 先生の指示に従える
- 自分の物を貸してあげられる

3歳半
- ほめられるのを喜ぶ
- 何かができると見せにくる
- 年下の子どもの世話を楽しみにするようになる
- 友達との争いなどが大人に言いつけがあるようになる

3歳
- はさみが使えるようになる
- 靴を自分ではける
- 簡単な折り紙を折れる
- 本を1人で見て楽しめるようになる
- 葉っぱをお皿とするような、見立て遊びができるようになる

2歳半
- ブランコに1人で乗れる
- 三輪車に乗れる
- 滑り台で遊べる

2歳
- ボールを蹴ることができる
- 鉄棒などにぶらさがれるようになる

1歳半前後には二足歩行が完成し、手指の巧緻性が増す。言語能力の高まりとともに、仲間との関係が広がり、園内での活動の質が変化してくる。このような変化に応じた環境の構成が重要となる。海外では、よちよち歩き期（トドラー）として重要な移行期とされている。

第12章 発達の地図

〈言語〉 人の言葉を理解し自分の思いを表出する

- 二語文が使える
- ここ、あっちがわかる
- 言葉をまねることが多くなり、喃語が増える
- 自分の名前に反応する
- 人に向かって声を出すようになる
- 母親の声を聞きわける
- 1人でアー、ウーなどの声を出すようになる
- 言葉の準備が始まる

〈社会性〉 人とまじわる

- 友達に玩具を譲ることができる
- 困ったことがあると大人に助けを求めることができる
- 他者との関係が芽生えてくる
- もっている物をとられるのを嫌がる
- 鏡に映った自分の顔に笑いかけたり声を出すなど、自他の認識が始まる
- 1人にされると泣いたりするようになる
- イナイイナイバーのような相互作用を喜ぶ
- まわりの人に注意が向けられるようになり、微笑みが見られるようになる
- 人の声のほうを向くようになる

〈認知〉 外界を取り込む

- もっている物を別の手にもちかえることができる
- 何かをたたくなど道具的な使い方ができる
- ドアを開けたり、小さな物を積み上げて遊べるようになる
- 手を出して物をつかんだり、ガラガラを振り回したりするようになる
- 抱っこされると周りを見回したり動くものを目で追うようになる

〈操作〉 外界へ働きかける

- 全身の運動調整が進み、しゃがんだり、だれかに補助されると階段を上がれるようになる
- バランスが取れるようになり、前屈みや歩きができるようになる
- ハイハイができるようになる
- しばらく支えなしで座ることができるようになり、操作機能がより精緻化される
- 体幹を中心として身体を支えることができるようになる
- 首がぶらつかなくなる

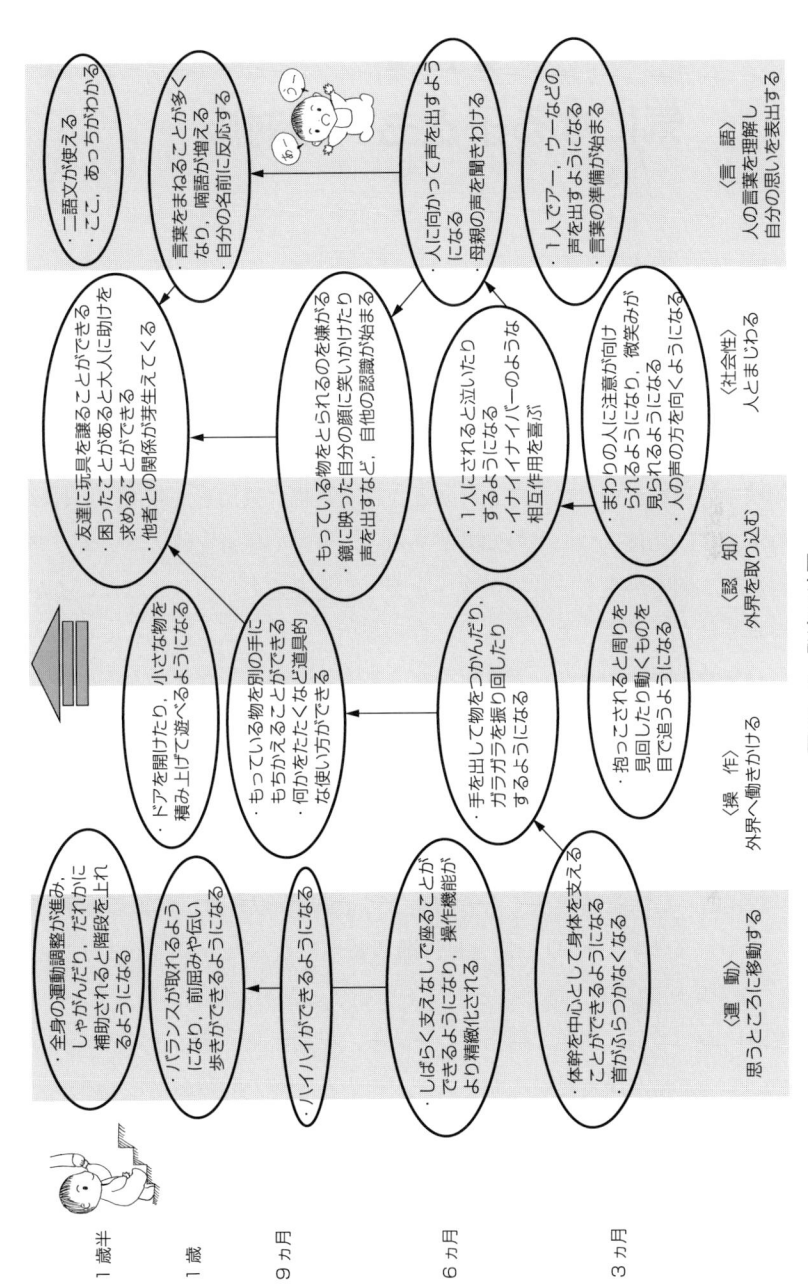

〈運動〉 思うところに移動する

1歳半
1歳
9カ月
6カ月
3カ月

図12-2 発達の地図

第 13 章
気になる子どもへの対応

● ● ●

| ポイント

1 発達障害の視点から，発達が定型でない子どもを理解する。
2 保育現場で出会うことが多い，気になる子どもの代表的な行動特徴を学ぶ。
3 子どもの立場に立ったアセスメントと子どもの将来を考えた支援を学ぶ。

　本章は，これまで認知発達や運動発達，感情の発達，言語や社会性の発達など，各領域の発達について述べてきたことを保育現場に適用してみる，いわば実践編の章です。発達についての知識があると，普段の保育実践において，発達過程が違う，順番が違う，時期が違うなど，定型発達のコースではない子が気になるようになります。また，状況に合わない行動をする，注意してもやめないなど，気持ちがつかめない子も気になります。このような様々な気になる子どもを，どのように発見し，どのように対応すればよいのかを考えていくのですが，その作業をするうえで，自閉症スペクトラム（Autism Spectrum Disorders：ASD）▷1についての知識があると理解しやすいことがまれではありません。知っているのと知らないのでは，理解や対応が正反対になるので，本章ではASDを中心とした記述が多くなっています。ASD以外は，常識の範囲で対応が考えられますが，ASDの場合は，障害特性に合った，周囲から見ると"非常識"な対応が効果的であることを知っていることが大切だからです。
　保育実践においては，問題行動発生の予防と，早期発見，適切な対応が求められます。ここでは，保育現場において，どのような形で問題が生じるのか，またそれに対応するためにはどのようなことをしなければならないのかを考え

▷1　**自閉症スペクトラム（ASD）**　自閉症，アスペルガー症候群，広汎性発達障害などの，対人関係やコミュニケーションに困難を示し，こだわりと言われるような自分のルールをもつ発達障害のタイプの総称。

ていきます。

1　発達過程の乱れ

　保育現場は，同年齢集団の観察が可能な場（フィールド）です。そのフィールドにおいて，気になる子どもとは，①年齢相当の行動をしていないか，②集団として問題となる行為をしているという特徴があります。①については，「まだ歩かない」とか「言葉が遅い」とかを代表例とする「発達の遅れ」と，Aができるので当然できるはずのBができないという「発達のアンバランスさ」があります。年齢相当のことができない場合が多いのですが，時にはできるはずのないことをやっていることもあります。②については，問題となる行為の基準が保育環境によって異なる事情があります。それぞれの行為の内容よりも，「禁止してもやめない」とか「危険だと知らせてもわからない」など，通常の保育実践では問題行動が解決しないことの方が問題となるようです。通常の方法が通用しない現実に直面して，とても「気になる子ども」となるのです。すなわち，社会性の問題をあわせもつと，「気になる」程度が増すのです。

　定型発達からの隔たり，発達順序の乱れがある場合を広義の「発達障害」と呼びます。発達障害かどうかを現場で診断することはできないので，ここでは，発達障害の定義には踏み込みません。しかし，①にしろ②にしろ，気になる子は何らかの支援を必要としている子どもとほぼ同義です。気になる行動をやめさせるべきかどうかという疑問から始まり，行動をどのように変えていったらよいかの具体的方法にいたるまで，現場では迷うことが多いのです。通常の保育実践が効果がない場合，発達障害を前提とした方法などの工夫を必要としますので，保育現場では，正しい発達障害の理解が不可欠になってきています。

1 ｜ 子どもを理解するということ

　発達障害の診断基準は，一般的に障害を特定し，発達の基準との比較から，何が不適当な行動と考えられるかを特定するもので，DSM や ICD などがあり

ます。言い方を変えると，たとえば，アスペルガーの子どもが誰なのかを私たちに教えてくれるものと言えます。

しかし同時に，自分の経験や人生観から他者を理解しようとするのも自然なことです。これが時として，支援を必要とする子どもたちの理解を誤った方向に導くことにもなります。私たちは自分とは異なる考え方をもつ相手に出会ったとき，相手と多くを共有できないと感じます。その原因を相手の行動に起因しがちです。さらに，これらの思い込みは，感情を伴うものになりがちです。社会的な相互作用という視点から考えると，発達障害の子どもたちは，思いがけず怒ったり，拒絶したりする人々がいる世界に住んでいるのかもしれません。彼らがどのような世界に住んでいるのかを理解することは，適応的な変化に導くという意味からも重要になります。

2 異なるルールのなかに生きる

社会性に問題をもつ子どもたちを理解するとき，助けになるのは，ルールが異なる世界に行った場合の自分の行動を想像してみることです。適切な行動が獲得されるまでの間，失礼なことをしたり，不快な印象を与えたり，他者を誤解したりする行動が続きます。私たちは，そこにおける新しい対人関係スキルや社会の規則，他者の態度の意味を学ぶ必要があるのです。アスペルガーのような子どもたちがこのような状況にあると仮定したら，なんとなく彼らの行動が理解できそうです。

なによりも，援助する人々がその視点に気づいたら行動の意味づけや予測ができるかもしれないのです。「これは何を意味しているのか？」「子どもにどのように役に立っているのか？」「何に対処しようとしているのか？」などを考えてみることは意味があることなのです。

▷2 **DSM** Diagnostic and Statistical Manual of Mental Disorders. アメリカ精神医学会による診断基準。現在使用されているのはDSM-IV-TR。

▷3 **ICD** International Statistical Classification of Diseases and Related Health Problems. 世界保健機関（WHO）による診断基準。現在使用されているのはICD-10。

3 適度な支援について

ウィニコット（Winnicott, D. W.）は，子どもと母親との相互作用について，子どもの要求に向き合うために十分効果的に反応をするという意味での「ほどよい（good enough）」母親という用語を用いました。可もなく不可もなしということが重要なのですが，それほど簡単ではありません。この概念は支援を必要とする子どもとの関係性にも当てはまります。発達障害の子どもへの「十分な」援助はひょっとすると，定型発達の子どもの視点から見ると過剰と見えるかもしれませんが，その子どもの人生で重要な大人との関係を形成するという意味では重要なのです。

4 自閉症スペクトラムの認知（情報処理）の特性について

自閉症関連障害は，中核型自閉症，アスペルガー症候群，広汎性発達障害など呼称がいろいろ使われていますが，最近は自閉症スペクトラムというように大きな括りにして呼ぶようになりました。これは，年齢によって症状が変化することや各障害に重なり合う部分が多いことから，連続している障害であるという考え方が主流となり，個々の障害の差異よりも，共通していることを重視していく方向になったことを示します。ASDのほかに発達障害に含まれる障害として注意欠陥多動障害（Attention Deficit Hyperactivity Disorder：ADHD）[4]や学習障害（Learning Disorder：LD）[5]，発達性協調運動障害（Developmental Coordination Disorder：DCD）[6]などが存在しますが，情報処理の特性が明確で

▷4 **注意欠陥多動障害（ADHD）** 行動面の特徴に着目した障害。不注意，衝動性，多動の3つの特徴的な行動のうち，全部あるいは一部の特徴を示すとされている。
▷5 **学習障害（LD）** どの程度の学習の遅れがあるかについては明確にされていないが，学習の習得が，年齢や知能レベル相当に達していない状態を示す。読み，書き，算数（計算）障害が典型的であるが，言語や動作あるいは社会的行動に関する学習が困難な場合もLDの範囲に入れる場合があり，障害概念の混乱をきたしている。
▷6 **発達性協調運動障害（DCD）** いわゆる不器用さを主症状とする障害。移動手段やバランスなどに関係する大きな体の動き（粗大運動）だけでなく，道具の使用や日常生活動作に関連する微細運動にも影響が現れる。

III 保育実践に向けて

あり，本章の目的にとってもっとも適合したモデルとなる ASD の認知特性を中心に記述します。保育現場で気になる子のうち支援が難しいとされる対象には ASD がかなり存在し，さらに幼児期には行動特徴から ADHD とされた子どもたちが，成長すると対人関係，社会性の問題が目立つようになり，ASD の合併例と再診断されることも少なくありません。ASD は，年齢やそれまでの経験，学習から身につけたものの差異から，100人いたら100通りと言われるように多様です。しかし，認知特性が共通しているがゆえにスペクトラムとしてまとめられてきたのです。この認知の特徴を知っていると，ASD 児の問題行動の予測がしやすくなります。

以下，ASD の特徴を簡単に見てみます。ウィング（Wing, L.）が提唱した診断基準に登場する，3つの柱（社会性の障害，コミュニケーションの障害，想像力の障害）は「3つ組」と言われる特徴的な症状です。症状があるから ASD と診断するという話ではなく，ASD 独特の脳の情報処理（認知）の方法が，これらの症状を形づくっているという，いわば，逆の方向からの解説をしてみます。

まず，ASD の認知の特性として，①視覚優位，②パーツ・細部への着目，③2つのことが同時処理できない，④パターンが決まったことが理解しやすい，⑤記憶が特異的，⑥感覚過敏，⑦パニックになりやすい，という7つがあげられます（表13-1）。これらの認知特性により，診断基準とされる特徴（社会性の障害，コミュニケーションの障害，想像力の障害など）が出現することを，いくつか例をあげて説明します。たとえば，「人が話している言葉への注意集中が苦手」「文章で表現されたことの理解が難しい」などは，①，②，④などが関係していると考えられます。また，「話している相手の顔を見ながら話を聞くことができない」などは，①，②，③が関係していると考えられます。相手からすると，まるで話を聞いていないように見えることがあります。「対面している人間から表情がうまく読み取れない」のも，②，③，④，⑥あたりが関係しています。そのため，お友達が嫌がっている様子がわからず，働きかけ続けてしまうことがあります。さらに，写真的記憶やレコーダー的記憶と言われる

第13章 気になる子どもへの対応

表13-1　ASDの認知の特性・特徴的行動・支援の例

認知の特性	特徴的行動	支援の例
①視覚優位	〈コミュニケーションの障害〉 ・見たものについての情報が優先される ・言葉で言われるとわかりにくい ・初めて見るものを拒否する ・名前を呼ばれても反応しない	モデルを見せる ・見ただけでわかるように指導する ・複雑な手順は1つずつ見せる ・横に並んで同じ方向で指導する
②パーツ・細部への着目	〈社会性の障害〉 ・独特の非言語性コミュニケーション（手のひらが外向きのバイバイ、クレーンでの要求） ・向きの逆転 ・顔や表情がわかりにくい ・集団で動くことができない	1回目は見せるだけにする ・状況を理解させるため、集団から離れた場所から観察させる 指示をわかりやすくする ・視覚的補助を用いる ・具体的行動を1つずつ指示する ・マンツーマンで指導する
③2つのことが同時処理できない	〈社会性の障害〉 ・話す時に目が合わない ・複数の人の動きを追えない	
④パターンが決まったことが理解しやすい	〈想像力の障害〉 ・こだわりが強い ・限局された興味、遊びしかしない ・独特の遊び方をする（並べる、積むなど） ・ごっこ遊びをしない ・新しいことに抵抗する	スモールステップ ・変化はごくわずかにする ・場所や時間を限定する 大人がモデルとなる ・遊び方を教える ・ルールを決める
⑤記憶が特異的（写真的記憶、レコーダー的記憶）	・些細な差異を発見する ・道順や位置、順番にこだわる	環境の工夫 ・刺激の制御（カーテンやついたてで遮断、余分なものを置かない、机をすっきりさせるなど） ・小さな集団での生活
⑥感覚過敏	・周囲の刺激への反応が激しい ・苦手な刺激がある（偏食、着るものにこだわるなど）	
⑦パニックになりやすい	・刺激の選択ができない ・自傷、他害などの行動	パニックへの対応 ・パニック時は指導しない

　優れた記憶能力をもっている（⑤）のですが、見たもの、聞いたものをそのままコピーするので、「形だけできるが意味がわかっていない」などといった特徴にも関連してきます。

　有効な支援を考えるときに、これらの認知（情報処理）特性を理解していることが役に立ちます。たとえば、「①視覚優位」という特性からは、言葉で説明するよりも1日の流れなどを表や図、写真で見せるという支援が有効と考えられます。また、「②パーツ・細部へ着目」があるために、身振りでのコミュ

ニケーションが独特になります。たとえば，自閉タイプのバイバイ（手のひらが外向きのバイバイ）やクレーン（大人の手を引っ張って自分の代わりに何かをさせようとする行動）など向きの逆転も，この特性で説明できるので，支援を実践する際には，対面ではなく，横に並んで同じ方向を向いてモデルを示すことも有効になります。また，人が気づかないようなわずかな差異が気持ちの動揺を生じさせ（②，④，⑤），パニックになってしまう（⑦）ので，パニックにならないように，パターンを守ること（④）も有効な支援になります。

認知の偏りが，状況理解の不十分さにつながり，この後に述べる社会的行動の学習が阻害されることが予想されます。反対に，社会性に問題がある子を，認知がASDと同様なのかもしれないととらえ直すことは，効果的な支援への展開のヒントとなるでしょう。

② 「気になる子ども」の具体的行動と支援

1 認知面の発達が気になる子ども

生活している環境のなかで，見えるもの，聞こえるもの，理解できるものが違うと，行動は違ってくるのが当然です。先に述べたようにASDの認知特性をもっている子どもは，大多数の子どもが気のつかないことに目がとまり，課題実行能力が阻害されます。さらに，社会的行動や遊びにも，認知の違いが影響を与えます。パニックに陥りやすい特性も，スキルの学習を邪魔しています。間違った学習の修正は困難を極めるという特徴もあります。では，認知面の発達が気になるというのは，実際の保育現場ではどのような子どもに当てはまるかを，いくつか例で示してみます。認知特性に合わせた支援の具体例もあげてありますので，保育のなかで実践してみてください。

（1）周囲の刺激への反応が激しい

些細な刺激が気になり（たとえば，蛍光灯やカメラ），人とやりとりの最中で

も音や光に反応することがあります。横目でチラ，ぐらいで，人をじーっと見ないなど，「集中しない」「落ち着かない」という印象があります。刺激の少ない場所や先生と2人になると，別人のように落ち着く子どももいます。[7]

具体的な支援として，刺激が少ない場面を工夫してみます（つい立てや本棚で仕切った空間をつくる，飾り物や作品などを少なくする，道具類はカーテンで目隠しして余分な刺激をなくす，机の上に余分なものを置かない，など）。さらに，話し言葉だけでは集中が続かないので，視覚的な指示，たとえば，黒板に書いておく，カードでスケジュールを示すなどの視覚支援の補助を加えると，指示に従った行動をとれる場面が増えるはずです。

（2）集団で動くことができない

大勢の子どもたちが周りにいると，刺激の量が多くなりすぎるため，その場の先生の指示が理解しにくくなります。クラス単位の保育は大丈夫ですが，園全体の行事になると，とたんに落ち着きがなくなる子どももいます。

具体的な支援として，大きな集団で行動が落ち着かない子は，まず，指示が聞ける環境を把握します。5〜6人だとルールがわかるとか，極端な場合は1人になるとできる子もいるので，集団の数を減らす→モデルとなる1人のお友達とペアーを組む→先生とマンツーマンで動くという段階を設定してみて，指示が聞きやすい適切な環境を工夫してみます。大きな集団での行動を最初から目標にすると，集団で行動することへの苦手意識が芽生えやすくなります。

（3）苦手な刺激がある

特定の場所やシーンを嫌がります。小学校高学年以降は自分で表現できるようになることが多いのですが，幼児期には言語化できないので，苦手な刺激があることに周囲は気がつきません。一度気になると，その感覚に注意を向ける

▶7 このタイプの子どもは，刺激の多い保育園ではいつも興奮しており，園での行動を保護者に伝えると，うちではそんな行動は見られないと同意が得られないことがある。これが双方の不信感につながることが多い。

III 保育実践に向けて

ために，よけい気になってしまう悪循環になります。突然の音（花火，掃除機の音，スタートのピストル音，トイレのエアータオルなど）も苦手なことが多いです。どんな時に生じる音かを完全に理解すれば，苦手さは減少します。音の種類だけではなく，「訳がわからない」「びっくりした」などの感覚や，その時の不快感（体調が悪い，眠い，暑い，疲れた）などに結びついて苦手さを増幅することとなります。

具体的な支援としては，一時的に苦手な刺激を排除しますが（イヤーマフやサングラスなどは幼児では管理が難しいこともあり，実際的ではない），将来のことを考えると，苦手な刺激の耐性を向上させる取り組みも必要です。先生が苦手なことを理解し，寄り添うことで安心させ，苦手な刺激があるときは，本人の実行機能（物事をうまく対処していく能力）も通常より落ちているので，いつもより多く手伝って失敗を少なくするような対処を続けると，苦手な刺激が我慢できるようになります。

苦手なことの克服には，周囲のあたたかい励ましと時には手助けがいります。苦手なものを人が排除してくれる，たとえば，苦手な音は先生が耳をふさいでくれる，そばにいて体を支えてくれるなどの体験を幼児期にしておくと，学童期には1人で苦手なことを頑張る姿勢が出てきます。

なお，苦手な刺激がある子は，身辺自立での問題をもっていることも多いので，感覚の過敏性ゆえに，偏食，着替えを嫌がる，排せつ自立が遅れることについては後述します。

（4）限局された興味，遊びしかしない

自由遊びは，本人の嗜好がわかりやすい場面です。年齢相当ではない興味の限局とは，たとえば，1，2歳児なのにおもちゃで遊ばず，扇風機や洗濯機，クーラーの室外機をじーっと眺めているとか，数字や文字が好きでカレンダーや時計を飽きずに見ている，さらには大人用の本やパンフレット，年長用の図鑑などに没頭するなどです。反対に，年長なのにミニカーを寝転んで並べていて，人が少しでも位置をずらすと怒るなどの行動を示すこともあります。

興味の対象が同年齢の子どもたちと異なると，結果として一緒に遊ぶことは難しくなります。同年代の子どもたちの興味があることには，まったく興味がないために，どちらかというと1人になりたがり，周囲の行動を見ることも少なくなります。

興味の対象を広げるためには，周囲から働きかけることです。1人で遊んでいる場所をみんなと同じ空間にするだけでも，興味が広がるきっかけになり，自分の遊びに没頭する時間の合間に，友達の方を見る瞬間が増えてきます。そのためには，無理にみんなと同じ遊びをさせるのではなく，安心して自分の遊びができ，みんなの様子も見ることができる安全な場所が必要となります。空間的に確保しにくいときには，保育者がそばにいてあげることでも安心感が生まれます。

（5）おもちゃで遊ばない

おもちゃより，体を動かすことを楽しむことがあります。同じような動作を繰り返すのを好み，体を揺らしたり（ロッキング），回転を繰り返す，ぴょんぴょん跳ぶなどの常同運動と言われるリズミカルな反復運動をします。また，手をかざしたり，耳をふさぐ，指を吸うなどの体の感覚を楽しむ行為をしたり，水や砂などの感触を楽しむなど，感覚レベルの遊びを幼児期後期まで続けています。遊びのレベルが幼いので，人とのやり取りや想像力を必要としない遊びを続けることになります。

この場合は，おもちゃを使った遊び方を大人が教えていかないと，遊び方がわかりません。例をあげるなら，水が好きなら，水をかけて回るおもちゃに水をかける，容器から容器に水を移すというような遊びです。似たような認知をもつ子は，興味をもちやすいおもちゃも共通しているので，遊びに誘いやすいおもちゃの知識をもっていると役に立ちます。1，2歳の子が興味をもつレベルのおもちゃから始めた方が，興味を引くことに成功しやすいです。

おもちゃで遊ぶためには，道具を操作する力（微細運動能力）が発達しているという条件が必要です。体の感覚遊びや物の感触を楽しむ遊びしかしない場

合は，微細運動の発達が停滞していることが多いので，おもちゃの操作に限定せず，生活動作一般で微細運動の発達を促す取り組みをしていく必要があります。

（6）独特の遊び方をする，ごっこ遊びを楽しめない

　独特な遊び方から発展しません。積木は，積み上げるか積み上げたものを壊すかのどちらか，丸いものはひたすら回す，ミニカーや電車をはじめ箱形のものはとにかく並べるなどの遊びを飽きることなく繰り返します。ごっこ遊びと言われる，「○○のつもりになる」遊びは，お互いに共通したイメージの理解があってこそ成立しますが，認知特性によりイメージの共有が困難な場合，ごっこ遊びは難しくなります。特にASDの子は，以前に経験したパターンに固執するので，いつも同じやり方をしようとします。ままごと遊びでも，いつも同じ役割，セリフになりがち（セリフの少ない赤ちゃんやペット役）で，遊びを自由に発展させようとする相手にとっては，面白みがない遊び相手になってしまいます。

　支援としては，自然発生的な遊びよりも，役割がわかりやすい劇やルールのはっきりした遊びに参加することで，集団で遊ぶことを学習したほうがみんなで遊ぶことへの興味が定着しやすいです。この場合，トラブルが発生しても，状況に合わせた指示を出せる大人がいることが，必須条件です。

（7）新しいことに抵抗する

　新しいこと，今まで経験したことがないことには参加しないことがあります。新しいことへの抵抗は，自分のやり方に固執する（4）とも関連しています。なぜ，興味が広がりにくいのかは，目で見て覚えていくため，見たことのないものは不安を生じさせるからです。新奇場面への抵抗は，失敗することへの恐れが加わると，さらに強固になります。現状維持，変化することへの不安は，常に存在すると思ってください。

　支援として，人の介入なくしては，新しいことの学習がうまくいきません。

不安を少しでも少なくするためには，モデルを見せる→手伝って一緒にやる→手助けしているところを少しずつ減らす→自分でやるという経過が必要です。ちゃんとやれているという励ましの声かけは，不安の解消に役立ちます。自分でやった時には，結果の如何にかかわらず，トライしたことを評価してあげることも効果的です。

新しいことに挑戦した結果，うまくできた経験を何度もすると，苦手だけれどもトライしてみる行動が芽生えてきます。幼児期には，成功した記憶は残らないので，周囲の人たちが，繰り返し言語化していきましょう。できていることをただできているとするだけではなく，「頑張ったからできるようになった，頑張ったね」という声かけを頻回にすることの大切さを忘れないようにしましょう。

2 生活習慣が気になる子ども

認知の偏りが身辺面の自立に必要な生活動作の獲得を阻害している例をあげてみます。感覚過敏が身辺自立動作の妨げになっていることも多く，「やる気がない」「甘えている」で片づけずに，細かく観察することが必要です。年齢相当の動作が単にできないのではなく，根底に見え方の問題，感覚の問題があることを想定してみて，彼らの生活のしづらさを思いやってみてください。

（1）偏食がある

母乳（あるいはミルク）を飲むという行動から，離乳食，通常の食べ物への変換がうまくいかないことがあります。協調運動の困難さと新しいやり方への抵抗が主たる原因と考えられます。練習のための離乳食が，触覚やにおい，味の過敏性がある場合ストレスフルなものになってしまいます。いやな経験をした食べ物を忘れないという，乳児にしてはよすぎる記憶力も，誤飲や嘔吐などの不快な体験と食べ物を強く結びつけます。これが，さらなる警戒感情をつくり出し，口に入れたくない食べ物ができるのが，偏食のルーツとなります。

支援の方法として，離乳時に固さが均一で濃度が上がっていくというような

食物をスモールステップで練習するやり方が安全ですが，反対に，偶然に一気に食べ物を変えてしまうことで，意外とうまく移行できたということもあります。乳児期から保育園で生活していたASDの子は，偏食が少ないことが，それを証明しています。しかし，慎重にしないと，不快感情が刷り込まれると偏食が極端になり，食べられるものが数種類しかないということになります。参考までに，偏食の治し方としては，「素材別に分ける」「完食のルールをまず守らせる（食べられるものを少量から）」「味に慣れるため，一口食べて，ティッシュに出してもOKにする」等の工夫があります。自分で食べることと偏食を治すことを同時に練習しないという配慮も必要です。

（2）着替えをしない，嫌がる

着るものへのこだわりは，触覚の敏感さに起因することが多いです。衣料の肌触り，長袖と半袖の違い，タグ，長ズボンやスカートのすそが肌にまとわりつく感覚，体を締めつける感触などが気になり出すと，許容できる感覚の服が限定されます。また，せっかく慣れた感覚から，違う服に替えることはやりたくありません。加えて，着替えに必要とされる体の動き，手先の器用さが年齢相当でないため，着替えという作業のハードルがさらに高くなります。体育をするだけの体操服，行事の衣装などは着替えという面倒な作業をしてまで参加したいものではないので，様々な形で抵抗を試み，1回でも着替えをしなくても済む体験をすると，次回からの抵抗はさらに激しくなるのが，ASDらしい発想です。

抵抗する場合は，大人が手伝って着替えさせ，着替えはしなくてはいけないことを認識させることから始めます。運動面の不器用さがあるので，自分ですることは次のステップにし，さらにスモールステップで練習することが必要です。

着替える際には，体のバランスを崩す姿勢となることが多いので，壁にもたれる，椅子に座る，大人が支えるなどの援助をしましょう。そばに動き回る子どもや体がぶつかる距離に友達がいるとうまく着替えられなくなります。した

がって，着替えを実施させる前に，行動がやりやすくなる環境整備を考えることが必要です。

（3）排泄のトレーニングがうまくいかない

摂食行動と同じく，おむつからトイレでの排泄への変更に対する抵抗があります。排泄の瞬間の感覚を認識できるためには，認知面の発達が必要で，排泄自立のためには，排泄した後だけではなく，したい感覚も自覚できないといけません。しかも，遊びなどほかのことに気をとられていると，排泄の感覚へ注意を払えなくなるのです。排泄のスタイルの変更には，自分の体の感覚への注意だけではなく，場所の移動，していることの中断，パンツを脱ぐなど面倒な手順が加わります。変更するメリットがないと，変更したくない気持ちはわかる気がします。

定型発達の場合に有効である，周囲の賞賛（お母さんがほめてくれる）や恥ずかしいという気持ちは，ASDの場合，芽生えてくる年齢がかなり遅いので（早い子でも年長ぐらい），使えない方法です。紙おむつの製品開発により，濡れた感覚もわかりにくくなっていますし，今没頭していることを途中で中断することが困難な特性もあります。着替えも苦手です。これだけ不利な条件がそろっていると，排泄自立は，つまずきやすい課題であることを覚悟しなくてはいけないでしょう。

支援として，とにかくハードルを下げることがあげられます。具体例をあげると，移動しなくてはいけない時に，トイレによりますが，形だけ座らせてすぐ解放してあげる，などです。同時に，おむつを替えるのをトイレでするようにする，という具合に，おむつとトイレでの排泄の両者の違いを少なくすることです。つまり，排泄とトイレという場所を関連づけるだけで，自分で排泄の自覚をするとか，トイレで排泄させることを目標にしない方法が有効です。

3 運動機能の発達が気になる子ども

1歳台までの運動発達の遅れは気になりますが，その後は，コミュニケーシ

III 保育実践に向けて

ョン，対人関係，社会性などの問題が目立つために，運動機能への注目は少なくなりがちです。歩行できているから運動に問題がないと考えないで，運動の発達をチェックしてみると，周囲が要求しているような動作をすることができないだけなのに，「やれるのにやろうとしない反抗的な子ども」というレッテルを貼られている子を発見できます。また，友達と仲良く遊びたいのにうまく動けず，友達からからかわれ，友達が苦手になるなど，社会的行動にも大きく影響することも想定されます。

子どもの遊びの様子を観察したり関わったりしている時に，身体のどの部分がどのように関係して運動が成り立っているのかを観察する習慣をつけてください。きっと，うまく働いていない部分があって，不器用になることがわかってくるはずです。姿勢の保持という体幹を中心とした粗大運動や，物をつかんだり操作したりする微細運動，みかんの皮をむくという視覚と運動の協応運動，コップの水を飲むというような協調運動などの動きに大切な情報が含まれていると思います。

（1）動きが少ない，移動しない

ASDの乳児期のよくあるタイプの1つとして，おとなしく動きが少ないと言われています。寝たままだと，姿勢の変換やバランスの立て直しといった経験が遅れ，移動手段の獲得が遅れることになります。また，単に遅れるだけでなく，通常とは違った道筋を通ることもあります。変わった方法で寝返ったり，横座りのお座りだったり，ハイハイをせずに歩行へと移行したりする場合です。

定型の動きを練習させる時は，その動作の2つくらい前の段階の練習が必要です。たとえば，ハイハイできないある11カ月の男児では，足の力が弱い，いつもあおむけで寝ている（うつぶせをいやがる），座ったらそのままであることが観察でわかりました。この場合は，うつぶせ姿勢と上手に肩関節が抜けない寝返りの練習から始めました。ちなみに，この子は腹筋も弱く，腹圧が弱いので，排便をうまくできず，便秘がちというエピソードもありました。

練習させて定型パターンの運動を学習させることで，運動に必要な筋肉を強

化できます。家庭では，体を動かす機会も少なく，筋肉をつくるような作業ができず，手足も細いままになることが多く，運動の質まで見る専門性を期待できないので，保育という専門性をもった人が援助していくべき分野だと思います。

（2）通常見られない動きをする

　例として，ある10カ月児は腹筋運動のような動作を何回も繰り返す，首を振るようなワンパターンの妙な動きが見られました。また，5カ月児で，手先をくねくねと動かすような年齢相当でない動きをしていた例もあります。部分的な動きのほかに，背面ハイハイ，お座りのままでハイハイ（シャフリング），上肢下肢がうまく屈曲していなかったり，左右が交互になっていなかったりする変形のハイハイが見られることもあります。この場合も，（1）と同じ，定型の運動パターンを練習して，その後の複雑な運動を獲得していくときの苦手さを軽減することが大切です。

（3）床におろすと泣く，抱っこをすぐせがむ，遊具で遊ばない

　移動をはじめ，体の動きが少ない理由として，感覚過敏をもっていることが考えられます。固有覚と言われる，重力や体のそれぞれの位置を感じる感覚が敏感すぎると，体を動かすことによって，激しい刺激を受けることになります。このタイプは，泣き止まない，抱っこしていないと泣く，という大変育てにくい赤ちゃん（difficult baby）となります。歩行できるのに抱っこを要求したり，幼児が喜ぶ遊具，たとえばブランコや滑り台などのゆれたり落下したりする感覚が怖く，戸外遊びを嫌がるという状態も，感覚過敏で説明できます。

　こういった場合は，無理にさせようとすると恐怖が増すので，弱い刺激からスモールステップで慣らしていきましょう。大人が支えてあげて，少しずつ支えを弱くしていく感じです。「急がばまわれ」を実行してください。

III 保育実践に向けて

（4）危険の予知ができない

　通常ですと運動は，ゆっくりだとコントロールできますが，速く動かすとできません。しかし，実際には，ゆっくりと動くというのは，勢いをつけて動くより複雑なスキルを要求される動きなのです。体幹の筋肉を代表とする筋肉の弱さをもつASDの場合，程度の差はあれ，瞬発力，素早い動きや過度の力の入れ方で歩行という動作をクリアーしています。ゆっくりした動きは練習しないとできないし，歩行に関しては，動くより，止まることの方が難しいのです。このため，おとなしかった赤ちゃんが，歩き始めたら，突然「多動児」に変身します。さらに，危険の予知ができていないので，テンションが上がると階段から飛び降りたり，「でんぐり返し」をしたりします。でんぐり返しは，年長ぐらいにならないとけがをする技ですが，それを，怖がりもせず何回も繰り返すので，周囲がハラハラすることになります。

　これは，自分の行動の結果の予測ができない，運動の場合は危険の予知ができないことから生じる現象です。

　こういった場合，「危ない」と言葉で言っても，実際にやってみてけがをしなければ，危ないということがわからず，何度でも繰り返します。この場合は，危ないと言葉で禁止するよりも，安全な動き方を教えて，危険な行動を二度と実行させないようにして，「禁止業」にしてしまう方法か，けがをさせて理解してもらう方法しかないようです。できれば，後者は使いたくないものです。

（5）運動会の練習をしない，運動の課題を拒否する（協調運動の苦手さ）

　あえて断定するなら，発達障害の子どものなかには協調運動の発達が早すぎる子どもは，いません。特定の協調運動は年齢よりもうまくできることがありますが，練習した場合に限られます。初めて実行する協調運動には，ぎこちなさ，効率の悪さが伴います。一見できていても，勢いが強すぎて技巧に欠けていることが多いのです。（1）（2）で説明したように，運動発達を促すためには，練習が必要です。たくさん練習してもらうためには，目標や大人の励ましなどの工夫を必要とします。さらに，認知面で述べたように，新しい課題への取り

組みには抵抗があるので，それも考慮に入れたうえで，叱責，非難を受ける機会を少しでも減少させることが，苦手意識を軽減させることにつながります。

うまくできないときには，周りに人眼がない個別の練習か家庭での補強練習をお願いしてみるなど，練習の回数を人より多くして上達するようにしましょう。苦手なものがうまくできた時に，頑張る力は育ちます。

4 社会性やコミュニケーションの発達が気になる子ども

社会性・関係性形成についての問題は，人からの情報がうまく取得できない特徴が大きく関係しています。認知の偏りによる状況理解の悪さが加わり，対人関係の発達の目安になる行動の出現時期が遅れます。人見知りの年頃には人には関心を示さず，保育園入園後に人見知りが始まるという具合です。また，社会性，関係性の表現が，運動機能の問題により，通常と違うスタイルになりがちです。人の動作の模倣，呼名への反応，指さし行動，要求や交渉，対立した時の妥協などは，獲得が標準的な年齢よりも遅れるだけではなく，独特の形式になることも多いのです。相手が複数，さらに動き回っていると，周りからの情報の取り込みが混乱しやすいので，こんな場面では，人の認識の苦手さが際立ちます。

以上のような特徴をもつASDを代表とする発達障害の子どもたちの心性は，周囲に理解されにくいのですが，理解の手助けとなる理論としてこころの理論[8]があります。他者に自分が意図している事を理解してもらいたいし，同意してほしいのは，ASDの人々にとっても同じだと思いますが，周囲には理解される機会は少ないのです。

また，仲間関係の形成についても，独特の形態があり，ごく初期の呼名反応[9]

▷8 **こころの理論** 他者の心理に関する概念。自閉症児はこころの理論を欠いていると考えられることが多いとされている。これは時に，マインド・ブラインドネス（mind-blindness）と呼ばれる。第7章 **5** **2**「人のこころを読む」(p. 105) も参照。

▷9 **呼名反応** 名前を呼ばれた時に呼ばれた人のほうを見る反応。これは通常，乳児期，7～8カ月の子どもにすでに見られる反応である。ASDの典型的な症例では，呼名反応で振り返らないとされている。いつも振り返らないのではなく，遊びに夢中になっている時だけ振り返らない，3回呼べば反応する，などのASD児もいる。

III　保育実践に向けて

の欠如から始まり，相手の顔を見ないなど，人に反応することが最優先事項である定型発達の子どもたちに比べ，働きかけてくる人への反応の優先順位が低いのがASDです。自分がやろうとしていることを邪魔されると，乳児でも，無言の抗議をするかのように邪魔した人の顔を見るのが定型タイプで，ASDの子どもは手だけに反応し，必死にどかそうとしますが，顔は見ません。相手のこころに訴えるよりも，独力で物理的に問題解決をしようとしている印象です。乳児期は，このように単純な対人関係ですが，仲間関係の形成の段階に至るまで，多種多様な対人関係の体験からの学習が積み重なっていくことを考えると，将来的に仲間関係に関するかなりの差異を生み出すことは予測できます。

（1）集団から離れて1人でいることが多い

近くにいると，人間のパーツの情報（着ている服や靴，指先の動き，見つめる目など）が多すぎて処理ができません。お遊戯や体操のような動き回る場面になると，群れから離れようとします。これは，遠くだと人がひとまとまりとして処理しやすくなり，必要なことだけに着目できるので，落ち着いて観察ができるからです。観察した結果，何をしたらよいかを会得すると，抵抗なく集団のなかに入ってきます。何をするかわかっていない時に，無理やり集団に連れ戻すと，激しく抵抗します。すぐに再度逃げ出すか，パニックになって泣きわめくことになるのです。

（2）友達のおもちゃをとってしまう

友達が触っているので，自分が触れられないという状況が理解できていません。目にとまったものだけしか見られないシングルフォーカス（視野狭窄的認知）があると，人が目に入りません。逆に，友達の動きを予測することができないので，自分のものをとられないように，事前に手を打つこともできないのです。友達にぶつかる，通りがかりにたたいていくのも，人の意識が薄い，すなわち人に意識を向けていないことが原因のことが多いのです。特に，年齢が低い時にはあまり周りに注意が向かず，遠くの刺激に注意が向いてしまってい

ます。刺激が目に飛び込んでくると突進していくので，隅の方でやっていることにもあっという間にとんでくることも多いです。

　支援としては，まず自分のおもちゃを人にとられない環境で安心して遊ばせることから始めてください。一人遊びを保障してあげると，先生の介入やお友達がそばにいることが大丈夫となり友達のおもちゃを急にとる行動がなくなります。

（3）人との距離感がない

　初めて会う人の顔を触りに行くなど，見知らぬ人という認識がなく，まるで物に触っているかの印象です。いきなり初対面で，膝の上に抱っこされにくる子どももいます。「抱っこ」を要求するしぐさもなく，まるで椅子に腰かけるかのように，膝の上に座るのです。一心不乱に鏡の前で踊っている子どもも周りの人たちの視線を全然気にせず，自分の世界に没入しています。このように，人に対する意識がまるで違っていると感じるシーンを時々目撃します。世界のなかに，自分以外の人が存在していないかのように行動し，「人見知り」ではなく，「人がいない」状態となります。このような時に，人がもっているものや着ているもの，あるいは体の一部が気になると，突然触りにくる行為におよびます。いきなり，髪をひっぱったり，ネックレスをひっぱったりなどは，人をまったく意識していないので，できる動作と言えます。

　支援というより，当たり前のことなのですが，コミュニケーションを学習していく絶好の場面です。「やめて」という禁止をとるか，他のものへ興味を広げさせる働きかけをするかは状況を見て選択してください。手をとって頬を触らせると，人の顔を意識できることが多いようです。

（4）下の子に乱暴する

　きょうだい関係を育てていくことは，親との関係とは違った人間関係の在り方を学ぶ機会となります。下の子を出産して帰宅したら，意外と赤ちゃんに関心を示さないことは，人への関心が薄いとよくあることです。しかし，下の子

が成長し移動できるようになると突然乱暴になることがあります。下の子の存在を意識することがなく，動くようになって，たとえば自分の遊んでいるおもちゃに手を伸ばされる経験をするまで，存在に気づいていなかったように見えます。

　争っている時には，「お兄ちゃん（お姉ちゃん）なのに」ではなく，「じゃまね，じゃま者を連れていくね」などと言って下の子から距離を置くことを教えることが，わかりやすい対処法です。下の子を自分の安全性を脅かす対象と見ている時に，「上の子だから我慢しなさい」は，きょうだいをよけい脅威を感じる対象としてしまいます。気持ちが落ち着いてから，「お兄ちゃん（お姉ちゃん）が大好きだから遊びたかったんだよ」「小さいから困った行動するね」と，下の子の行動の説明をするのがASDの子どもにとってよいきょうだい関係を築くコツです。

（5）母親と離れられない
　人の行動が読めない，予想ができないことから，知らない人がたくさんいるところは，常に不安がつきまといます。不安ゆえに母親から離れて，自分1人で社会参加する（母子分離）ことが，長い間できません。
　状況に慣れて，何をするのか理解できると，不安感は減少しますが，母親から離れられるようになるためのステップは，子どもによって違います。母親が目の前にいるときは大騒ぎですが，いなくなれば落ち着いて過ごせることはよくあります。母親は，泣いている姿しか目撃していないので，不安な気持ちで別れることになりますが，分離した後，楽しい体験をすればだんだん泣かなくなります。しかし，集団生活は，楽しいことばかりではなく，遊ぶ時にも取り合いになったり，我慢を要求されたり，理由もなくたたかれたりなど，嫌な体験をすることも当然あります。嫌なことを全部なくすことはできませんが，先生がそばにいて手伝ってくれた，お友達を注意してくれたときの安心感が，「楽しさ」と同等の価値をもつことが多いのです。母子分離に抵抗する子は，園生活上の「母親代わり」すなわち「私の先生」が必要になります。また，過

ごす集団が，小集団であれば落ち着けるということもあります。別れる時よりも，再開した時の喜びを味わうことを工夫しましょう。

　送ってきた母親と短時間で別れ，その後順調に過ごしているように見えても，次の日，行くことを拒否する子どももいます。次にどう反応してくるかによって，不安が増大しているのか，減少しているのかを把握し，行くのを抵抗し出したら，登園している時間を短くする，苦手な課題を減らす等の調整をして，登園は続ける方向性で支援します。

（6）よい時と悪い時が極端に違う

　社会的行動や人間関係形成では，不安定性はしばしば問題を大きくします。本人の意欲が高く，本人にとって意味がわかっていること，興味が高いことに関しては能力を発揮しますが，条件が少しでも異なる（場が違う，メンバーが違う，時間帯が違う）と，能力を発揮することができなくなります。一度できたことは，次もできるはずだという思い込みを捨てないと，「反抗的」「自分勝手」というレッテルを貼ることとなってしまいます。

　支援としては，情動の安定が難しいことを周囲が理解して，「やれる時にはやる」「やれない時にはやれるように条件を整える」という姿勢が大切です。実行できる時と同じ条件ならできるはずなので，どんな時にやれるのか，観察してデータを集めることから始めてください。情緒の安定は生理的な悪条件（空腹，のどが渇いた，暑い，疲れた，寝不足など）とも強く関係しているので，これらの生理的な状態を大人が整えてあげることが，案外意欲を回復させる手段となります。

3　関連諸機関との連携

　発達のいろいろな側面で気になる行動を示す子どもは，幼児期だけではなく，その後の成長期にも気になる行動をとる可能性がある子どもです。気になる行動をとる原因として，障害があることがわかっていれば，その子どもの特徴や

Ⅲ 保育実践に向けて

効果的対応を事前に把握できるため，子どもに大きな失敗体験をさせたり，必要な生活習慣を未習得なままにすることを避けられます。場面によって，とる行動パターンが違ったり，情緒の不安定性がある子どもたちは，正確な実態を把握しにくいので，家庭，園，専門機関での情報共有がぜひ必要です。家庭よりも，集団で「気になる行動」が目立ちやすいことから，家族に理解してもらうことを焦ってしまう結果，専門機関への受診を拒否されることはまれではありません。

　障害かどうかを診断してもらうというより，子どもにとって効果的な支援が何かをみんなが知って実行していきたいという視点での連携が必要でしょう。日常的に関わる人は，子どもの詳細な行動や支援した後の変化を中心に家族と話していくことが子ども理解につながると思います。幼児期は「障害」という単語は，連携を断ち切る可能性があります。「診断名の告知」は専門機関に任せて，保育現場では日常的な支援を工夫し，子どもを変化させることが結局は家族の障害受容につながると考えられます。

本章のまとめ

　本章では，発達障害についての知識，特に自閉症スペクトラムの認知特性や行動特徴を中心に述べ，保育場面での具体的な「気になる行動」例と支援の実際を提示しました。気になる行動を示す子どもたちを理解するためにも，子どもの立場に立った支援を行うことが重要です。

《執筆者紹介》（執筆順，担当章）

河合優年　かわい　まさとし（編著者，第1章，第2章，第3章，第4章，第5章，第12章）
　　編著者紹介参照

中野　茂　なかの　しげる（編著者，第2章，第6章，第8章，第11章）
　　編著者紹介参照

寺井朋子　てらい　ともこ（第7章，第9章）
　　現　在　武庫川女子大学共通教育部講師

西本　望　にしもと　のぞむ（第10章）
　　現　在　武庫川女子大学文学部教授
　　主　著　『新しい教育課程論』（共著）ミネルヴァ書房，2010年
　　　　　　『教職をめざす人のための教育用語・法規』（共著）ミネルヴァ書房，2012年

石川道子　いしかわ　みちこ（第13章）
　　現　在　武庫川女子大学文学部教授
　　主　著　『学習障害――発達的・精神医学的・教育的アプローチ』（共編著）ブレーン出版，2000年
　　　　　　『可能性ある子どもたちの医学と心理学――子どもの発達が気になる親と保育士・教師のために』（共編著）ブレーン出版，2002年

《編著者紹介》

河合優年　かわい　まさとし
　　現　在　武庫川女子大学文学部教授
　　主　著　『看護実践のための心理学（改訂3版）』（編著）メディカ出版，2009年
　　　　　　『発達科学入門2　胎児〜児童期』（共著）東京大学出版会，2012年

中野　茂　なかの　しげる
　　現　在　札幌国際大学人文学部教授
　　主　著　『社会・情動発達とその支援』（共著）ミネルヴァ書房，2002年
　　　　　　『自閉症の子どもたち──間主観性の発達心理学からのアプローチ』（共訳）ミネルヴァ書房，2005年

新・プリマーズ／保育／心理	
保育の心理学	
2013年4月10日　初版第1刷発行　　〈検印省略〉	
2017年1月30日　初版第4刷発行	
	定価はカバーに表示しています

編著者	河　合　優　年
	中　野　　　茂
発行者	杉　田　啓　三
印刷者	田　中　雅　博

発行所　株式会社　ミネルヴァ書房
　　　607-8494　京都市山科区日ノ岡堤谷町1
　　　　　　　　電話代表　(075)581-5191
　　　　　　　　振替口座　01020-0-8076

©河合・中野ほか，2013　　創栄図書印刷・藤沢製本

ISBN978-4-623-06513-4
Printed in Japan

―――― 新・プリマーズ ――――

| 社会福祉 | 石田慎二・山縣文治編著 | 本体1800円 |

| 児童家庭福祉 | 福田公教・山縣文治編著 | 本体1800円 |

| 社会的養護 | 小池由佳・山縣文治編著 | 本体1800円 |

| 社会的養護内容 | 谷口純世・山縣文治編著 | 本体2000円 |

| 相談援助 | 久保美紀・林　浩康・湯浅典人著 | 本体2000円 |

| 保育相談支援 | 柏女霊峰・橋本真紀編著 | 本体2000円 |

| 地域福祉 | 柴田謙治編著 | 本体2400円 |

| 発達心理学 | 無藤　隆・中坪史典・西山　修編著 | 本体2200円 |

| 保育の心理学 | 河合優年・中野　茂編著 | 本体2000円 |

―――― ミネルヴァ書房 ――――
http://www.minervashobo.co.jp/